喜び

「新しい文明を創ろう」と動きだした私たち

地球次元外の
仲間とともに
北海道のコミュニティで
その種子なる
時を過ごしています。

コミュニティ「キリパ村」住人
瀬木 務・衣子

風雲舎

喜び

「新しい文明を創ろう」と動きだした私たち。
地球次元外の仲間とともに北海道のコミュニティで
その種子なる時を過ごしています。

「喜び」

出会えてうれしいネ

あなたの笑顔は
みんなの瞳の奥へ
心の芯へ
光の粒子となって届けられるよ

あたたかさをありがとう
愛しさをありがとう
こんな気持ちをいだきながら
周りのすべてと触れ合えるとき
なんともいえない安らいだ静けさの中で
私は満たされてゆく

みんなとここにいられることに
自分自身でいられることに
喜びと感謝の気持ちを感じながら

カバー装幀——浅香ひろみ

喜び――「新しい文明を創ろう」と動きだした私たち

〈目次〉

「喜び」　瀬木衣子

〈第2章〉 コミュニティでの生活

〈まえがき〉一通の電子メールが人生を変えた!

瀬木　務

みなさんにも人生の転機ってあるでしょうか？　自分がこれまでの価値観を大きく変える生き方をするきっかけのこと……。

一九九六年八月、当時の僕は大手電子機器メーカー、N社の中堅社員でした。東京港区の本社スタッフである環境管理部に所属し、環境ビジネスという新しい分野を立ち上げる活動をしていました。

毎朝出社して最初にする仕事は、自分のパソコンのスイッチを入れ、自分宛てに送信されてきた電子メールを開けることから始まります。

「エコビジネス推進部会・会議開催通知」「環境部会打ち合わせ議事録」「環境展示会開催のお知らせ」「環境配慮型製品説明会案内」……。

そんな中である日、他とは異なるメールが届いていました。

「お茶会に行きませんか？」

「何、これは？……あっ、これ、この前一緒に飲みにいった沖さんからのメールだ」

何が書いてあるんだろうと、わくわくしてメールを開くと……、

「こんどの日曜日にチャネリング会があります。よかったら一緒に行きませんか？」

そして、この電子メール以降、僕はものすごい変化に巻き込まれることになりました。

本当は巻き込まれたのではなくて自分で引き起こした変化でした。

そして、この変化は、僕に大きな喜びをプレゼントしてくれました。

この喜びをみなさんとも分かち合いたいと思って、この大変化を素直に書きました。

〈プロローグ〉目覚めた本質

僕はチャネリングって決して特殊なものではないと思っています。作曲家モーツァルトが三十三歳で若くして死ぬまでに六百曲以上の名曲を作曲したのも、エジソンがたくさんの発明をしたのも、無意識で行う一種のチャネリングだと考えています。

芸術家は、直感という無意識のチャネリングを行っていることが多いようです。

私たちも日々の生活の中で、過去の経験からくるカンのほかに、これまでの経験則からは当てはまらない斬新なアイデアがふっと浮かんだり、必要なときに忘れていた記憶がよみがえったり、身内の死や不幸を何かの現象でふと予感したりする虫の知らせなども、無意識で行っているチャネリングだと思います。

これから僕が体験するチャネリングというのは、無意識ではなく表面意識で意図した特定の存在と交信することをいいます。

一九九三年、当時の僕は妻と二人の息子を持つ、ごく普通のサラリーマンでした。

会社ではそこそこ順調に昇格し、そろそろ管理職級への昇格試験の機会がやってくる時期でもあり、自分もそれを意識した出世欲の強い生き方をしていました。

ここは競争社会、力のある人がより幸せになれる世界だから……。

「競争社会」「戦いの世界」「企業戦士」……、このような言葉がまかり通る世界。

一方、「世界平和」「世界は一つ」などの美しいキャッチフレーズもある。これには誰も反論を唱えない。

世界を見渡せば、各国は武器の開発を盛んに行い、お互いを牽制し合っている。少しでも周りより豊かになろうとして競い合い、階級社会、階層社会を容認している。でも、オリンピックや万国博覧会では、みんな平等、世界平和の樹立を謳い上げている。

みんなは、いったいどちらを望んでいるのだろう。そして、僕は？

子供の頃はこの矛盾が不思議でした。それから大人の態度。外に出ればいつも、みんなにこやかに挨拶するのに、家の中では「あの人はどうの、この人はどうの」と悪口を言っている。

「変なの」と感じながらも、自分が大きくなるに従って、そのように生きないと衝突が生まれ、人付き合いがうまくいかないことがわかってきたし、「建前と本音」をうまく使い分ける人が、世渡り上手として出世している現実を目の当たりにしてきた。

「やっぱり、現実は競争社会なんだなぁ」

競争があるから便利な社会になっている。競争が人に向上心をもたらしている。

では、その逆は？　競争がなかったらどうなる？

最近の共産社会の衰退はそれを証明しているのかしら？　そして競争社会という社会構造になんとなく矛盾を感じながらも、僕はその渦中に呑まれていました。

こうして、僕はこれまで競争社会の中でどちらかというと勝ってきたほうだと思います。そして勝ったときの喜びはまんざらでもなく、知らず知らずのうちに競争社会の枠組みの中で、それなりに満足している自分がありました。

満足といっても、それは相対的な満足だったと思います。僕を取り囲む人たちや、新聞やテレビニュースで報じられる、さまざまな否定的な出来事を見ていると、その渦中にある人たちに比べれば自分は幸せだと思える、人との比較によって感じられる幸せ。

「これは君が求めてきた本当の幸せ？」って聞かれたら……、

「そうだ、これが自分の幸せであって、これからも守っていかなくてはいけない」

という自分と、

「いや違う！　自分が求めている幸せはもっと絶対的なもの。人との比較によって得られるものではない」

という自分がありました。

前者は家族との団欒《だんらん》など、ストレスから解放されたときによく感じました。

後者のほうは、ストレスの真っ只中のとき、おもに会社生活での苦しいときに感じた感覚です。このときは「もう地位も財産もいらないから心の平安が欲しい！」と強く訴えている自分がありました。

どちらが自分の本音？　この頃はとにかく前者の価値観を大切にしようと自分で決め込んで毎日の生活を営んでいました。

そんな中、当時勤めていたN社の幹部である久保田忠夫さんから紹介された一冊の本がきっかけとなって、自分の中にある何かのスイッチがオンになったのです。

その本には、すべてのことを肯定的に捉える姿勢をもつこと、生きることの基本姿勢などが書いてあったのですが、その根拠となっているのは「輪廻転生」でした。

いまのこの人生の流れを創ったのは、過去世の自分であって、そして自分の未来を創っているのは、いまのこの世での生き方次第であるということでした。つまり、人生は与えられたものではなく、自分がこの人生で何を学ぶかを計画して生まれてきているというものでした。

その本は、この「輪廻転生」のことを、単なる思想的な説明ではなく、科学的立証を踏まえた文献を呈示して説明してあったものですから、僕は目から鱗が落ちた気分でした。

そして僕はこのときから、

「人生は今回限りじゃないんだ」

「今の競争社会を勝ち抜くことだけがすべてではないんだ」

「競争に勝つことより、もっと大切な何かがあるのではないか」

と、これまでの考えを改めはじめたのです。

これまで僕は「競争社会の否定」というのは、ネガティブな自分が表出した状態だと思い、あえて避けてきました。でも、このときから自分は、競争社会を否定しているのではなく、自分が本当に求めている生き方が他にあるのではないかということに気づきはじめたのです。競争社会からの脱出、そして自分が求めている幸せとは何かを知る旅がこのときから始まったのです。


それからというもの、僕は「気」「波動」「心」など、現代科学の枠組みでは捉えきれていない分野の探求に夢中になっていました。いったんスイッチオンになった僕のこの感覚、つまり自分がここに生まれてきたことの本来の目的、この地球や宇宙の仕組みなどを探求しようとする感覚はどんどん増大していきました。

地球環境問題も久保田さんの影響を受け、この頃から勉強しはじめ、久保田さんから紹介される環境関連の本を読み漁ったり、講演会に行ったりしながら、地球のいま置かれている現状を理解しはじめました。また、環境蘇生型の微生物を家庭生活に利用したり、高度な浄水器を購入したり、できるだけ自然の素材を使った食品を摂取するようにしたり、身近なできるところから、地球や身体にやさしい生活を実践しようと試みはじめました。

そして地球環境の実態を理解すればするほど、このままでは、本当に地球はあと五十年ほどしかもたないだろうと確信するようになりました。

それなのに、日本は景気回復ばかりを唱えている。バブル崩壊の教訓を糧にするどころか、バブルの狂乱を再燃させたがっているとしか思えない。

地球環境のことを考えたら、いま急ブレーキをかけてもぎりぎりかなという現状なのに、さらにアクセルを踏もうとしている。

一部の人々が地球環境の深刻さを説き、この動きにブレーキをかけようとしている。でも自然破壊のスピードはもう食い止められないほどの慣性で進行している。

人間ってほんとにかしこいの？

そして、地球環境の実態を知れば知るほど、僕は自分の活動に疑問を抱きはじめていました。

入社以来ずっと販売部門に在籍し、販売予算の達成こそが自分の使命であるといい聞かせながら行動してきたのですが、そのためには大量販売を進めなければならない。十年は使えるであろうコンピュータを、性能がアップしたことを顧客にアピールし、三年〜五年ごとに更新する。会社の物流倉庫には廃棄予定の機械が山となっている。自分は本当に自分が喜ぶことをやっているんだろうか？

この疑問は僕の中で日増しに拡大し、久保田さんがN社に環境ビジネスを立ち上げようと動き出し、その要員を募集するに至って抑えきれないものとなりました。

そして、ついに僕は家族を大阪に残し、久保田さんの元へ単身で上京したのでした。

それは一九九六年七月のことでした。

そして僕の人生が大きく変わるきっかけとなった、沖俊郎さんとの出会いがここでありました。

沖さんも当時は僕と同じN社の販売グループの管理職で、過去に久保田さんと同じ職場にいたこともあったそうです。その後、沖さんは関西地区などに転勤したあと、一九九五年七月からは、東京の本社に勤めていました。

僕が久保田さんの部下として着任して間もなく、沖さんが久保田さんに会うために環境管理部にやってきたのが、僕と沖さんの最初の出会いでした。そして、これが縁となって沖さんから「お茶会」という名のチャネリング会に誘われたのです。

〈第1章〉

コミュニティの住人になるまで

ラニャとの出会い

このお茶会のチャネリング会を主催していたのは、「プロジェクト・イン・ラニャ」というボランティアグループで、本池千美子さんと保坂めぐみさんをはじめとする奥さんたちの集まりでした。

初めてのチャネリング会は、私たちと宇宙の存在さんとの井戸端会議のようなもので、終始、笑いの絶えない楽しい雰囲気の中で行われました。

このとき輪廻転生に興味があった僕は、自分の魂の前世を聞いてもらったのですが、なんとタイタニックを体験した魂ということで、自分がそんな有名な事件に関わっていたことに驚きを隠せませんでした。

このお茶会では、僕自身が実際にチャネリングを体験したり、終始、驚きと喜びとが入り混じったなんともいえない貴重な時間でした。この不思議な体験は、僕の中に新たなエネルギーが注ぎ込まれた感覚がありました。

お茶会の帰り道では、なんともいえない幸せな気分に満たされているのでした。

それからというもの、沖さんとともにラニャ主催のセミナーを受講したり、お茶会に出席したり、ラニャ通いが始まりました。

また、お茶会をきっかけにして自分自身もチャネリングを始めることにもなり、チャネリングというものが決して特定の人だけの特殊な能力ではないことも知りました。

僕は最初、チャネリングで情報を伝えてくる存在は神様のような上位の存在で、威厳をもって重々しく語るのだと思っていたら、まるで友人のように気さくに接してくれることがとても意外でもあり楽しくもありました。

そして彼らは、僕が自分の行動に自信を失いそうになったときや悩んだときでも、いつも僕のよき相談相手として、僕の話を暖かく受け止め、明るく答えて励ましてくれました。

そして僕は、彼らの言葉によって活き活きと行動する活力を与えられ、元気を取り戻していくことができたのでした。

「プロジェクト・イン・ラニャ」がチャネリングを行う目的は、

「地球に新たな文明を創造する」

という壮大なものでした。地球がアセンション（次元上昇）を起こし、新たな次元に移行するということだそうです。

新たな次元に移行する地球に備え、現在の地球次元でその雛型となる文明社会を創造するというものです。アセンションについてはさまざまな精神世界の本などでも述べられていることもあり、ラニャの活動もその一つの流れだろうと捉えていました。

当時の僕は、アセンションについては自ら起こすものではなく、宇宙の高次元の存在が地球に働きかけて起こす現象だと捉えていました。

でもこの考えは、徐々に改められていくことになります。

そうなんです。アセンションって私たちが私たちの意思で起こすものだったのです。

ただ、この頃はまだまだアセンションなんておとぎ話のようで、奥さん方のチャネリング会だけでそのような壮大な計画が実現するなんてとても信じられなかったのですが、とにかく彼女たちとの交流は僕には新鮮というか、むしろ遠い昔に置き忘れてきた子供の頃の無邪気な自分に戻れることがうれしかったのです。

コミュニティ創造

こうしてラニャ通いするうちに、コミュニティの創造という情報を知りました。

そのコミュニティのリーダーが沖さんだということで、僕にも参加の要請があったのですが、戸惑いながらも出来る範囲での協力をするつもりでこの計画に加わったのです。

チャネリング情報によると、

「生まれ変わる未来の地球は、すべての生命体が対等に調和的に暮らすところです。そして、その雛型として、コミュニティをいまの地球次元で創る必要があります」

ということでした。

そしてコミュニティの目的は、

「光の要素を十分に含む調和的交流のエネルギーを、未来の地球へ送る。私たちが表現できる最高の調和的波動に基づく生活をこの地球で表現する」

というものでした。

つまり、新しい社会構造の基盤をコミュニティで創り上げ、それを土台にして素晴らしい未来の地球を創造するというのです。

情報そのものは、スケールが大きくて素晴らしい内容でした。もし、これが本当に実現できるものならぜひ実現させてみたいと思いました。

そのために、いまの「支配と依存」の非対等な関係性から、「対等」な関係性を中心とした社会構造に変革する必要があるということです。

「それは確かにそうだけど……いったいどうやって実現させるんだろう？」

頭で考えると、「そんなこと簡単にできるはずがないじゃないか」としり込みしてしまうのですが、自分の奥深い意識がそれを求めているようでした。

こうして会社生活で環境ビジネスを続ける一方、休日はコミュニティ活動に徐々に参加するようになりました。当時は会社生活も充実していて、仕事もコミュニティ創造活動も僕にとっては楽しいものでした。

しかし、そのうちにコミュニティ創造活動のほうに、だんだん惹かれていくのでした。

地球環境を悲観的に捉えると、すべての行動に制限ができてしまい広がりが薄れていく自分がありました。もっと豊かに、もっと楽しく、何事にもこだわらずに生きたいという心の広がりとは逆の、あれはやめよう、これはしてはいけない、というふうに……。

人類がこれまで突き進んできた豊かさ、これはおもに物質的な豊かさでした。

大量生産、大量消費、大規模開発、大量伐採……。

でも、それを支えてきたものは、「地球という星が無限の資源を提供してくれるはず」という人間の自分勝手な前提条件でした。そして、その前提条件を覆《くつがえ》す弊害が生じてきて、さまざまな現象が現れているのも事実です。

地球温暖化による異常気象の多発や、南極の氷解による海面上昇がもたらす平地の埋没。

オゾン層の破壊による有害紫外線で起こる皮膚がんの増加。また、その紫外線が植物の遺伝子を破壊するために生じる食糧危機への懸念……。

いまの地球を大切にしよう、この美しい地球を守ろう、という喜びの中で活動できないのです。「そんな悠長《ゆうちょう》なことをいっている場合ではない」というあせりや怒りのほうが先に出てきました。だから、喜びの活動というよりは、むしろ闘いの活動に近かったのです。

自分も環境を破壊している一人なのに、自分のことは棚に上げて周りを変えよう、周りを変えなければ地球はよくならないという思いが強く出てしまい、環境問題に無頓着な人や社会を責めていました。

いま振り返ると、環境活動とはいいながらも、周囲に戦いの意識を振りかざして、その場の環境を乱していたと思います。

僕にとってコミュニティ創造は、情報そのものがあまりにも現実とかけ離れていたこともあり、簡単には本気に取り組める活動ではありませんでした。

でも、なぜか無視できない自分がありました。どこか不思議で気にかかる活動でした。

その大きな原因は、コミュニティ活動には楽しさや喜びが溢れていたからです。

本池さんや保坂さんたち、ラニャのメンバーが醸《かも》し出す明るく楽しい雰囲気。そこには、ある種の周波数が漂っているのです。これに引き寄せられるコミュニティのメンバーも、同じように明るく楽しいのです。この周波数は僕にとって、理屈抜きに居心地のいいものでした。

「地球環境は深刻なのに、そんな遊び感覚で理想社会なんか簡単にできるはずがないじゃないか」

「いや、深刻に取り組むから深刻な現実が起こるんだ。深刻な現実を踏まえて、別の視点からアプローチすることによって理想社会を創ろうとするからこそ、これまでにない理想的な新しい社会が実現できるんだ」

このような二つの思いが交叉する中、僕がコミュニティの活動にだんだん惹かれていくのは、やっぱり心のどこかに自分は喜びの活動をしたいという思いがあったのだと思います。

コミュニティ創造活動は、一九九七年一月二十二日の茨城県の「レイクサイド・クキザキ」というホテルでの打ち合わせに始まります。

この打ち合わせには、僕のほかに本池さん、保坂さん、沖さん夫婦、そして九州からは神田重信さんが参加し、今後この活動への参加を呼びかけていくメンバーの選定、そして、どこにコミュニティを創るか、その場所の検討を行いました。

メンバーの選定では、ラニャ主催のセミナー参加者や、沖さん、神田さん、僕の知人の中から本池さんと保坂さんのチャネリングで確認するのですが、コミュニティを立ち上げる人は、どうもその人の深い意識で決めているというものでした。ですから、その人のフルネームがわかると、チャネリングによってその人の深い意識と共鳴させることが可能となり、その人がコミュニティ立ち上げのメンバーかどうか確認できるようです。

本池さんがチャネル状態の保坂さんに質問します。

本池「○○○○さんをキャッチしてください」

保坂「イエス。キャッチできました」

本池「○○○○さんは、コミュニティのメンバーですか」

保坂「イエス」

そして、やっぱり僕もコミュニティ立ち上げのメンバーの一人でした。

この場で、僕がメンバーですよと伝えられたときは、正直いって嬉しさよりも戸惑いの気持ちのほうが強かったのです。もちろんコミュニティ活動は強制的ではありませんから、自分が参加するかどうかは自由意志でした。

また、このときのチャネリング情報では、コミュニティにふさわしい場所は、人があまり住んでいない自然の多い九州の高台ということでした。そこで、神田さんのルートから候補地を探すことになりました。

それからというもの、神田さんは地元九州のメンバーにコミュニティ活動への声をかけるとともに、神田さんをはじめ九州地区のメンバーの方々が、さまざまな人脈をあたりながら候補地を探しました。

一方、沖さんは九州以外のメンバーの候補に個別に連絡し、コミュニティ創造への参加を呼びかけ打ち合わせを行いました。そして、神田さんからの土地候補の連絡を受けて現地を訪れるなど、二人は精力的に行動していました。

しかし僕のほうは、まだまだコミュニティ情報への信憑性に対する疑いのほうが大きくコミュニティ活動に参加するまでには至りませんでした。

そして、その年の四月頃には具体的な候補地が鹿児島に見つかり、関東、関西のメンバーでツアーを組んで見学会を行いました。

僕もこのときはこのツアーに同行し初めて現地を訪れました。そして、現地ののどかさや自然の素晴らしさに加えて、メンバーたちの楽しい雰囲気に魅せられ、その後は積極的にこの活動に参加するようになりました。


そして、この頃コミュニティの名前が「キリパ村」と決まりました。

キリパとは古代語で「村」という意味だそうです。

しかし、鹿児島での土地の契約交渉が難航したため、さらに九州で他の候補地も当たりましたが、なかなか目処《めど》がつきませんでした。

そして六月初旬に、今度は北海道の洞爺湖周辺に新たな土地の候補が見つかります。


北海道の土地が見つかった経緯はこんな具合です。

一九九七年の一月にキリパ村創造の情報が伝えられた翌月に、もう一つのコミュニティ創造の情報も伝えられ、第二グループとして平行して活動していました。

そして、第二グループもキリパ村と同じように土地の候補を探す活動を行っていて、九州のほかに、那須や北海道まで訪れていたのです。

北海道の候補地は、当時第二グループのリーダーであった高橋光一さんが、本池さんとともに行動する中で見つけたそうです。

そして、洞爺湖周辺にはほかにもコミュニティの候補となり得る土地がいくつかあったので、九州で難航しているキリパ村のリーダーであった沖さんに高橋さんから、「北海道の土地を見ませんか?」という連絡があり、沖さんを通じてメンバーに現地視察の呼びかけがあったのでした。

この頃の僕はコミュニティ活動が本当に楽しくなっていましたから、この北海道への現地視察は、自分から手をあげて行きました。

そしてこちらは、とんとん拍子に話がまとまります。六月下旬には、蝦夷富士の名で有名な羊蹄山のながめが素晴らしい、三万坪の広大な土地の契約合意が完了し、コミュニティ「キリパ村」はいよいよ具体的な形となって現れてきたのです。

やがて、二つのコミュニティはともに北海道の虻田郡洞爺村に建設されることになりました。

こうしてコミュニティ創造活動は、行動面、資金面、いずれもこの活動を理解し、協力しようとする人たちが、その人のできる範囲で協力をすることで、驚くほど順調に進んでいきました。

葛藤

そして七月四日、沖さんがコミュニティのリーダーとして活動するために、N社を退職。七月二十日には、初めてコミュニティ創造の打ち合わせが行われた「レイクサイド・クキザキ」で全国のメンバー約三十名が集まり発足会を行い、土地決定までの経緯と今後の計画を報告しました。

そして、八月一日には沖さんとメンバーの藤井貴浩さんの二人が北海道に移住し、コミュニティ建設予定地近くのアパートに移り住んで、コミュニティの道路や水道工事の段取りや、集会施設と居住施設を合わせたセンター棟の建設に動き出しました。

そして沖さんが北海道に移住すると同時に、関東地区での事務局を僕が引き受けることになりました。

じつのところ、この頃の僕には大きな戸惑いが生じていました。

沖さん、藤井さんがいともたやすく会社を辞めて現地に移り住み、コミュニティ活動に専念する姿をみて、なんだか置いてきぼりにされたような寂しさがありました。

というのも、僕は東京に本社のあるN社に単身赴任していたため、コミュニティ活動のことは大阪にいた家族には一切伝えていませんでしたし、コミュニティに住むにはいまの会社生活は続けられないことは重々理解していました。

N社を辞めてコミュニティに住むことは、きっと家族も簡単には納得してくれないだろうし、また、N社に勤めていることを何よりも喜んでいた母の猛反対も予測されます。

こうして、どんどん伸展していくコミュニティを間近で見ながら、自分がコミュニティに住むには大きな壁があることを痛感せずにはいられませんでした。

とにかく、僕はいまの会社生活を続けながら、これまで同様、できる範囲でコミュニティ建設をサポートしていこうと決心し、コミュニティ事務局の担当を受け持つことと、機会があればできるだけ現地を訪れることにしました。

コミュニティの土地を訪れて

そして、八月のお盆休みを利用して、三泊四日でコミュニティ建設の予定地を訪れました。コミュニティの土地を訪れるのはこれで三度目でした。

叔父が室蘭に住んでいることもあり、僕が子供の頃に一度洞爺湖周辺には連れてきてもらったことがありました。そのため、六月初旬に初めてコミュニティの土地を訪れたときは、懐かしさに加え、久しぶりに見る北海道の雄大な景色に感動しました。

そして僕はこのとき、この雄大な自然の中で、コミュニティが私たち地球人だけで創造しているのではなく、地球次元外のさまざまな存在も一緒になって協力していることが初めて実感できたのです。

その実感とは、八月十六日に沖さんと僕が現地を訪れたときです。沖さんが、ある地点に立つと身体に電気が走るというのです。じつはその場所というのは、このキリパ村の敷地内に、これからコミュニティ活動を通して創り上げるさまざまなエネルギーを必要な場所に送り届けるための役割として、コミュニティのメンバーが一本の木をエネルギー発信の木と定めたのです。本池さんと保坂さんから他次元の存在に依頼し、その木にエネルギー発信の機能をもたせてもらったのですが、その木を中心に直径五〇メートルほどの円で取り囲むように、ビリビリ電気が走るのが感じられるというのです。

「おーっ、すごい！　おーっ、すごーい！　ここに立つとビリビリくるよ！　瀬木さん。あれ？　ここから離れると感じないよ。不思議だね」

と嬉しそうに沖さんがはしゃいでいるのです。うらやましく思った僕は……、

「すごいね沖さん。僕には感じられないよ～、ひょっとしてＵＦＯかもね」

すると沖さんが、

「瀬木さん、チャネルして聞いてみてよ」

と言います。

この頃の僕は、自宅でもチャネリングレッスンをどんどんやっていて、チャネルすることが楽しくて仕方がなかった時期でした。そうして、さっそく自宅のチャネリングレッスンのときにつながって交流していた存在を呼んで、情報をとってみたのです。


「あなたは、〇〇〇さんですか？」

「イエス」

「あなたは、いまコミュニティの敷地に来ていますか？」

「イエス」

「ＵＦＯに乗っていますか？」

「ノー」

「では、ＵＦＯから降りていますか？」

「イエス」

「あなたのＵＦＯはどのくらいの大きさですか？　四〇メートルですか？」

「ノー」

「では、五〇メートルですか？」

「イエス」


このやりとりを終えて僕は沖さんに向かって、

「沖さん、沖さん、やっぱりＵＦＯだよ。〇〇〇さんがここに来てるんだよ。彼はいま、ＵＦＯから降りているんだって。五〇メートルくらいの大きさのＵＦＯだから、沖さんがビリビリ感じているのは、きっとＵＦＯのエネルギーだよ」


後日、沖さんから本池さんに、この状況を話して確認してもらったところ、このときのＵＦＯはルート用の小型のもので、私たちがチャネリングでよく交信する宇宙連合というグループの存在が、コミュニティの場所が特定されたので、ＵＦＯの離着陸基地の建設などの準備に来ていたそうです。

さらに、三日目の八月十七日にもこんな楽しいことがありました。

この日は現地でお弁当を食べようということで、洞爺湖温泉街にあるレストランで釜飯弁当を買って向かったのですが、少し風がきつくて外で食事をするには寒かったのです。

せっかく、この広々としたすがすがしい草原に腰をおろして、ゆったりと食事をしたかったのにガッカリでした。

そこで、僕は沖さんに、

「土地の精霊さんに風を止めてもらうようにお願いしてみようか」

「やってみてよ」

と沖さん。

そして、僕は声に出して、お願いしてみたのです。

「この土地の精霊さん。すみませんが食事の間だけ、風を押さえて暖かくしてくれませんか?」

すると……、

「少し待ってください。風の精霊さんにお願いします」

このような声が僕の心の中に聞こえました。またその直後……、

「でも、風を嫌わないでくださいね」

沖さんにこのやりとりを伝え、とりあえず寒さを我慢して僕たちは大地の牧草に腰をおろし、お弁当を広げたのでした。

すると、しばらくして本当に優しくて、暖かい風に変わり、しかも太陽まで顔をだしてくれたのです。

「ほんとに変わったね！」

と沖さんと顔を見合わせて驚いたものでした。

こうして精霊さんにサポートされて食べた釜飯は、ベリー具ー（つまり具がとてもおいしかったのです）でした。

その後、食事が終わるとすぐに空が雲に覆われ暗くなり、風も激しくなったので車に移動したのですが、僕はこのタイミングの良さに呆れて、

「ほんとに食事の間だけ、天気をよくしてくれたみたいだね。偶然とは思えないよね」

「うん。間違いないよ。これは精霊さんたちのサポートだよ」

「ありがとうございます、精霊さんたち。お陰で楽しく食事ができました」

このように僕が自然界の方に気象の変化をお願いするのは、その年の十二月に、鹿児島在住のメンバーにチャネリングを依頼されて、高千穂への登山を兼ねて鹿児島に行ったときにもありました。

この登山のときも山の上で昼食をするには風がきつかったので、土地の精霊さんにお願いしたら、ぴったり昼食の間だけ風は止んでくれたのです。

しかし、あとで自然界の方から、「人間の都合だけで安易に自然を変化させないでほしい」と言われ、以後同じことを繰り返すことは止めました。


こうして不思議な現象が続き、あっという間に時は過ぎていきました。

この旅行では、藤井さんは実家の京都に帰省していたために、僕はずっと沖さんと二人だけでしたが、これほど他次元の存在がいつも一緒にいることを肌身に感じたことがなかったものですから、うれしいやら楽しいやら興奮の連続でした。

僕にとって、これほど居心地のいい喜びの気持ちが湧き上がるのは、やっぱりこの土地のもつ独特なエネルギーではないかと感じました。

八月十八日の最終日、キリパ村の土地を散策し、羊蹄山の見晴らしのいい傾斜に立ちながら僕は沖さんに向かって、

「僕ここに家を建てるよ。この場所、確保しておいてもいいかな？」

と話しかけると、

「どうぞ、どうぞ。僕はこのあたりにしようと決めている」

と、僕の場所より少し上のあたりに沖さんは立ち、二人で楽しく近所付き合いをしている光景を思い浮かべたのでした。

そして僕は最後に、心に高まる希望を叶えるために、目に見えない存在たちのサポートを期待して、自分の家を建てようと決めたあたりの草むらに座りあぐらをかいて、目をつむりながら……、

「僕はここに住むことを意図します！」

と何度も声に出して宣言したのです。

すると、曇りの天気にもかかわらず、閉じた目にまぶしいくらいの光が射し込むという不思議な一瞬を体験しました。

そのときなんだか、さまざまな存在が、

「応援するよ！　きっと願いは叶うよ」

と言ってくれた感じがして、とても幸せな気分に満たされるとともに、自分自身もここに住むことができるように行動していきたいと思ったのでした。

そして、僕はこの旅行を境に本気でコミュニティに住みたいと思いはじめました。

コミュニティ活動は、もともと表面意識でコミュニティを創りたいと思っていた人が集まったわけでもなく、また、建設資金を十分に持っている人がいたわけでもなく、ただ、本池さん、保坂さんのチャネリング情報で「あなたはコミュニティのメンバーです」と伝えられた人の集まりでした。僕にしても、沖さん以外はラニャ主催のセミナーで顔を見かけた人が何人かいたほどで、ほとんどみんな初対面に近い人たちばかりでした。

しかし、このような人の集まりにもかかわらず、わずか半年でコミュニティがここまで実現したのです。これは僕にとって、奇跡以外のなにものでもありませんでした。

だから僕は、コミュニティ創造の情報を初めて聞いたときは、「まさか」という疑いの気持ちがほとんどでした。そして、コミュニティ活動に参加する人が増えると、「おいおい、みんな本気なの?」という驚きはありましたが、そのときは僕自身、遊び感覚以上に本気で関わる気にはなれませんでした。

しかし、コミュニティの土地が決まり、沖さんと藤井さんが退職し、現地に移住するようになると、「これはただの遊びじゃなさそうだ、みんな本気だよ。では、僕はどうするの？」と自分の心に戸惑いが生まれました。

そして、今回の旅行で、自分自身がコミュニティの土地で不思議な体験をするに至っては、もう「新しい地球の雛型としてのコミュニティ創造」という情報を疑う気持ちは一気に薄らいでいったのです。そして、僕のこの心の変化は、

「本池さん、保坂さんのチャネリング情報をこれからはもっと信頼しよう」

「コミュニティ活動は本物だ。もっと本気で取り組もう」

という決意を同時にもたらしたのです。

しかし問題は、現地での体験を通しての感覚は自分だけにしかわからないというのが最大の難点でした。これまでの奇跡的な経過や、現地での不思議な現象を、家族や母に話しても、せいぜい「妄想をみたのではないか」とか、「たちの悪い宗教団体にひっかかったのではないか」と言われるのではないかとしり込みをしてしまい、会社を辞めてコミュニティに住みたいと正直に言える勇気まではなかなか持てませんでした。

勇気

しかし、こんな臆病な僕にも、その勇気が持てる現実がめぐってきたのです。
そして、それからの現実は僕にとって決して穏便なものではありませんでした。

僕が久保田さんから影響をうけて新しい価値観の生き方を始めた頃から、妻との交流がスムーズではなくなっていきました。僕が身体や地球にやさしい商品を家庭内に取り入れようとしても、妻は反対しないまでもあまり興味をみせませんでした。

妻にとって家庭を豊かに健全に守っていくことがもっとも大切であると考えていたようですし、その点からすれば申し分のない妻でした。

家事は完全に任せていましたし、育児にも熱心に取り組み、二人の子供は順調にスクスク大きくなりました。僕がどんなに仕事や仕事の付き合いで遅く帰ってきても、ほとんど不満をいったことがありませんし、とにかく僕が仕事を最優先できるためのあらゆる協力を惜しまなかったのです。

しかし、僕が新しいライフスタイルに懸命になればなるほど、夫婦間の価値観の違いが明確になってきました。特に、僕が当時、肉食を止めるようになってからは、夫婦の関係は険悪なムードにもなりはじめました。

家庭の食事も僕だけが別メニューとなり、テレビも別々の部屋で別番組。これまでは、夕食のときには子供たちの学校での話題などで会話が絶えなかった夫婦でしたが、だんだん会話が少なくなっていきました。

また、子供たちもこの頃になると自分たちの世界があって、昔のように親べったりでもなく、家族全体に少し分離感のようなものが漂っていました。

それでも母と子供たち、父と子供たちの交流は保たれたのですが、夫婦間の会話だけは極端に減っていきました。

この頃の僕は、自分が勉強した新しい価値観の生き方に自信をもっていましたから、いつか妻にもわかってもらえる日がくると信じて、自分のライフスタイルを昔に戻すことはしませんでした。

このような状況でしたから、妻にはコミュニティの活動については簡単には理解してもらえないだろうとは感じていました。でも、なんとか家族に理解してもらう方向に流れが変わらないだろうかと僕は考え、毎朝日課にしていたチャネリングレッスンのときに、つながっ

ていた他次元の存在さんに、

「僕は、家族とコミュニティに住むことを意図します。どうかサポートしてください」

と何回も声に出して宣言していたのです。

すると八月下旬に大阪にいる妻から、僕がコミュニティ活動を行っていることをなぜか知っていて、川崎の単身赴任先に電話が入りました。そして妻は、僕が家族に相談もなく会社を辞めてしまうのではないかとかなり心配していた様子だったのです。そこで僕はあわてて大阪に帰省し、この活動の概要を説明することになりました。

ですからこのとき、この現実が押し寄せたことを、僕は驚きというよりは、むしろ喜びをもって受け止めたのです。

「これは、他次元の存在たちが、僕が早くコミュニティに住むことができるようにサポートしてくれたんだ」

と感じていました。

しかし、いきなり妻にチャネリングや宇宙の存在のことを話すとかえって誤解を招くだろうと思い、まず環境問題を取り上げて、自然と共生した生活を北海道で実現させたいためにコミュニティ活動を行っていることを語り、そして、家族みんなでコミュニティに住みたいという希望を伝えたのです。

このときは、相談もなく会社を辞めることはしないと伝えたので、妻も一応安心してくれたようでしたが、コミュニティについては突然のことでもあり、妻は本気で考えている様子はあまり感じられませんでした。

それでも僕は、コミュニティの土地をみんなで訪ねれば、その素晴らしさに気持ちも変わるかもしれないという期待を抱き、後日電話で、

「こんどの九月の連休に家族旅行を兼ねて、みんなでコミュニティの土地に行こうよ」

と誘ってみましたが、

「長男の中間テストがあるからダメだわ」

とあっさり断られました。

「じゃあ、僕だけ行ってくるからね」

とだけ答え、電話は切ったものの、直後、「中間テストは十月中旬のはずじゃなかったっけ……やっぱりコミュニティに行きたくないんだろうな」と妻がコミュニティのことを本気で考えていないことがわかりとても残念に思いました。

そして、今回の旅行にはかねてより現地を訪れてみたいといっていたメンバーの蔦原衣子《つたはらきぬこ》さんを誘って行くことになりました。

そしてこの旅行が、僕の人生を決定的に変えることになるとは、このときは思いもしなかったのです。

僕と蔦原さんの最初の出会いは、コミュニティ活動の始まる一九九六年の十二月一日で、本池さん宅で行われたお茶会でした。その後、蔦原さんとは同じキリパ村のコミュニティのメンバーであり、僕も彼女も首都圏に住んでいたことから、コミュニティの打ち合わせや現地視察など行動を共にすることが多かったのです。

コミュニティが立ち上がった頃、メンバーのプロフィールと各自のコミュニティへの抱負を沖さんがまとめていたのですが、彼女はその中で、

「コミュニティに一緒に住んでくれるパートナーを募集中です」

とありました。それを見ていた僕も彼女と一緒に活動しながら、

「蔦原さんも、この活動でいいパートナーと出会えるといいね」

と話していました。

そして、沖さんが北海道に移住した後は、僕が関東地区の事務局を担当していたこともあり、さらに、僕と彼女はチャネリングをレッスンしていて、お互いにコミュニティに関する情報も受けとっていたので、電話で連絡をとることが多くなっていました。

あるときは僕から彼女に電話をして、

「関東地区のコミュニティのメンバーに、来週の打ち合わせの日程を伝えるんだけど、何人かのメンバーには、蔦原さんから連絡してくれる？」

このような事務的な連絡から、あるときは彼女から僕の自宅に電話が入り、

「瀬木さん、コミュニティのこと、ご家族への報告はどうするの？　私も両親にどのように説明しようか迷ってるの……」

このようにお互いの悩みを語り合うこともあり、どんどん気心が知れていったのでした。

この三泊四日の旅は前回にも増して、素晴らしいものでした。

コミュニティの広大な十地のすがすがしさに加え、羊蹄山やニセコの雄大な眺め。このときメンバーの沖さん、藤井さんに続き、佐藤美佐子さんが三人目の北海道入りを実現させ、コミュニティの土地でみんなが再会でき、僕がやがてコミュニティで生活していくビジョンをいっそう強く持つことに拍車をかけていきました。

しかし、僕の人生にとってそれ以上にこの旅行が意味のあるものになったのは、蔦原さんに対して芽生えたメンバーとしての親しさを越えた感情でした。

共に同じ方向を見ながら行動できて、同じ価値観で語り合える。自分の人生に激しい変化を起こそうとしているこの僕にとって、彼女との交流は暖かく、力強く、かけがえのないも

のになっていったのです。

そして、この感情は旅行が進むにつれ増大していき、僕はついに北海道からの帰りの飛行機の中で、彼女の手を握ってしまったのでした。僕はこのとき、蔦原さんをともに進むべきかけがえのない人だと心で決めていたのです。

そして、ここで芽生えた感情は、ともにコミュニティに住みたいという思いと重なって抑えきれないものとなり、一カ月後、僕は母の説得、久保田さんへの退職願いへと一気に動きだしたのです。そしてついに、妻や子供と別の道を歩むことを選択する自分になっていきました。このときの僕はさまざまな軋轢《あつれき》にもかかわらず、周りの目を一切気にしないで自分の信念を貫く強さがありました。

かけがえのなかった家族と別れても、周囲の信頼を無くしても、わがままといわれようとも、まるで僕は人が変わったかのように自分のやりたいことに邁進したのでした。こんな体験は生まれて初めてだったと思います。

特に、家族との別れはもっとも辛い現実でした。

この家族によって、僕は夫として、父親としての愛を育むことができたのです。

お互いの価値観が変わり夫婦間のコミュニケーションが減っていったとはいえ、これまで僕をいつも暖かく育んでくれた家族に、突然悲しい思いをさせてしまうことは、僕にとっても大変心を痛めることでもありました。

しかし、その時点では、どうしても蔦原さんとの愛を育みながらコミュニティに住みたいという僕の気持ちは、変えることのできないもう一つの大きな現実でした。

これまでの人生で僕は、いつも周りの目を気にして生きてきました。

いつも周りから評価されている自分を意識して、周りからカッコよく見られている状況を保とうとしていたのです。

そういう意味では、大企業に勤めながら家族四人で豊かに暮らしている様子は、周りからみてとても幸せそうに見えたと思います。

しかし、周りからみて幸せそうに見えるのと、自分が本当に幸せかどうかは違います。

でも、周りからはそのように見られたい自分もある。周りの目を気にせず生きていけたらどんなに幸せだろうか……これがなかなかできなかったのです。

そして社会全般の風潮も「気配り」とか「周囲への配慮」などができる人をもてはやすようにみえたものですから、結局僕にとって、「自分の振る舞いをみて、周りが喜んでいる状況を維持することが自分の本当の幸せだ」と考えることが、もっとも安全な生き方だったわけです。

いままではずっと、周りの視点で自分を見つめ、周囲とのバランスをとるという視点を取りつづけてきたのですが、そこには自分というものが無く、自分の真実が見えなくなり、バランスを失っていくのでした。


そして自分の本質と生き方が、あまりにもかけ離れていると気づき、これを元に戻そうと動きはじめていくのですが、これを急激に起こそうとしたことで、現実はさらにバランスを崩していきました。

それでも、自分の本来の生き方を取り戻したいという思いは、強烈なまでに僕を導き、自分の願望を周りに主張しました。

過去の生きた時間のすべてを否定しているのではないのです。これまでもたくさんの真実を出会いの中で分かち合ってきました。

しかし、人には変わるべき時があるのかも知れません。

僕の場合、それはあまりに大きな変化を伴うものとなり、周りの人を巻き込み、嵐の中をくぐり抜けるような体験となりました。

いま振り返ると、このときの僕は別離の苦しみも、出会いの喜びも、人としてどうあるべきかのバランスも、怒りや悲しみの感情も、すべてがゴチャ混ぜになって、自分はただその中で方向だけを見失わないようにするのがやっとの幼い自分であったと思います。

そして、この変化を僕に許してくれた周りの人、母、そして、人として変わらぬ尊敬と愛情をそそぐ前の妻と子供たちに、あらためて深い感謝の思いをささげます。

また、僕を見送ってくれた人たちに対し、僕は自分の真実を見失わないで生きることで、その誠意に応えていきたい。

さらに、望めるならば、やがて僕との関わりが、前の妻や子供たちにとって、誇りとなってもらえるような自分に成長していきたいと思います。

僕にとって、この二カ月間は人が一生で味わう感情のハイツェイを一気に通り抜けたような気分でした。

周りの反応を気にせず、本当に自分が喜ぶことだけに焦点をあててみよう。

本当に正直な自分を表現してみようって。

そのような生き方をして初めて、これまで自分がかたくなに守ってきた「周りから見える自分のイメージ」は、自分で創った幻想だったことに徐々に気づいていったのです。

怒涛のように押し寄せた現実の嵐をくぐりぬけ、自分が本来の生き方を目指していく日々の生活がスタートしました。

まるで、なんの恐れも知らない子供の頃のような無邪気な自分が蘇ってきました。

この頃の僕は、真冬で寒かったにもかかわらず、心は学生時代に大好きだったアイドルグループ、キャンディーズのヒットソング「春一番」の一節……、

「♪　重いコート脱いで、出かけませんか　♪」を口ずさんでいる気分でした。

そう、いままで身にまとっていた幻想の重いコートを脱ぎはじめたのです。


本当に晴れ晴れとしたさわやかな空気が僕を包み込んで、ずっと忘れていたうれしさや喜びが身体中を満たした感覚でした。

自分が本当に求めていた、自分にとって真実の幸せをやっと見つけたのです。

そして、これから僕がコミュニティで体験するさまざまな葛藤や苦痛は、どんなときでも自分の真実を見失わないために、自分自身を力強く成長させるための、喜びの体験であることを理解していくのでした。

手を離すとき
ちょっと勇気はいるけれど
だいじょうぶ　ダイジョウブ
ときめきや　どんどん広がっていく喜び
そんな気持ちを
道標にして
本当に行きたいところは
自分が知っているから

同じ頃、コミュニティもセンター棟建設の資金面で窮地に追い込まれたのですが、メンバーの協力でそれも乗り越え、翌年一月には完成の目処がたちました。

そして会社のほうは翌年二月末には退職の了解が降り、三月にはコミュニティに住む見通しがたちました。そこで、キリパ村の開村式を三月下旬に計画するとともに、衣子との結婚式もその翌日に行うことにしたのです。

水が出た！

十一月二十一日、コミュニティでの新生活に夢を馳せながら、残り少ない会社生活の中、現地の沖さんから会社に電話がありました。

「瀬木さん、水が出たよ！」

沖さんの弾んだ声でした。

「えっ、ホントに！」

キリパ村の辺りは洞爺村の中心からは離れているため、水源地から水道管を引き込むのではなくて、敷地内で井戸を掘るのです。

沖さんのうれしそうな声は続きます。

「工事の方も水が出るかどうかは掘ってみないとわからないといわれるし、たとえ出たとしても一〇〇メートルくらいは掘らないと出ないだろうっていうから、心配していたけど七〇メートルで出たんだよ。それから幸運にも水質検査の結果、そのまま飲用可だって。もし、ろ過が必要だったらその設備費がバカにならないからね」

「きっと、土地の精霊さんのサポートだよ。うれしいよ」

この知らせを聞いて僕もうれしくなって、すぐに他のコミュニティのメンバーにも、この知らせを伝えました。

キリパ村の周辺は雪が多く、その雪解け水が地下水として流れていて、近くでは「羊蹄の湧き水」など名水の多い地域であることもあり、こうしてキリパ村から湧き出た水は最高においしい水でした。

コミュニティに移住し、初めてキリパの水を飲んだときは、そのおいしさに感動し喜びが湧き上がったことを今でもはっきりとおぼえています。

お風呂に入ると、この水はうすーい、きれいなブルーの色をしていて、完全に透明でないのがわかります。

そう、都会の生活では高度な浄水器やミネラルウォーターは欠かせない状態ですから、水道の蛇口をひねっただけで、おいしい天然水がふんだんに飲めるキリパ村は、とても贅沢な環境です。

キリパ村にいらしたときは、ぜひ飲んでくださいね。

退職

明けて一九九八年二月二十七日、いよいよN社を退職する日がやってきました。約十七年間の会社生活でお世話になった方々に挨拶に回り、そして環境管理部で久保田さんに紹介されて、花束を受けとり最後の挨拶です。

「N社に入社して約十七年間、そして環境管理部に配属されて二十カ月間、大変お世話になりました。久保田さんと環境ビジネスを推進する一方、北海道でコミュニティの活動に入り……（中略）じつは、昨年の夏に自分がここで退職の挨拶をしている夢のようなものを見たのです（自宅でチャネリングレッスンをしたときに見えたビジョン）……（中略）みなさん本当にありがとうございました」

いま僕がコミュニティに住んで、たくさんの人前で講演会ができる度胸がついたのも、パソコンを使いこなしてコミュニティで発行している情報誌の記事やこの本を書けるのも、このN社での体験があったからです。

楽しいこと、苦しいこと、いっぱい体験させてもらった。その中で自分のいろんな側面が引き出せたのです。喜び、悲しみ、強さ、弱さ……。

また、いろんなところにも行くことができたし、たくさんの人とも出会えた。

そして久保田さん、沖さんとの出会いがあり、だから今の僕がある。

このあと、前妻にも電話を入れて退職した旨を伝えました。

「長い間、お疲れさまでした」と言ってくれたのです。

〈第2章〉コミュニティでの生活

いよいよコミュニティへ

一九九八年三月十四日に衣子と二人で羽田を発ち、札幌経由で洞爺湖温泉に向かいました。そこで沖さんと佐藤美佐子さんに再会し、一緒に夕食をとった後、佐藤さんの運転で雪に包まれたキリパ村へ向かいました。

完成したばかりのセンター棟に初めて足を踏み入れたとき、僕の胸に「ついにやってきたぞ！」という、うれしい感情が込み上げてきました。

そこには、大阪から第二グループの新たなリーダーである鈴木博人さん夫婦も開村式への出席と、高橋光一さんからリーダー交代の引継ぎのために宿泊していました。

（現在コミュニティでは、リーダーの役割は完了しています。ですから、現在コミュニティにリーダーはいません）

センター棟は上から見るとブーメランのような形をしていて、一方は一〇〇平方メートルの広さのホールと二つのお風呂、そして車椅子でも利用可能なトイレからできています。

そしてもう一方は、一部屋約十二畳半の広さをもつ五つの個室と共同の居間、台所、洗面

センター棟と僕が造った遊歩道（メルヘンの路）

所、男女別のトイレで構成されています。

室内は完全暖房で部屋の隅々まで暖かく、冬の厳しさをまったく感じさせず、本州の冬よりゆったりくつろげました。そして、その暖かい部屋から眺める雪景色は、格別の美しさでした。

さらにここには自然のおいしい水、おいしい空気、静寂に包まれた雄大な景色など都会では味わえない贅沢な環境が整っているのです。

こうして私たち二人の念願であったキリパ村での生活はこの日から始まりました。

花の谷アナカ・ヤーラ誕生

一九九八年三月二十二日にキリパ村の開村式をセンター棟で行いました。

この開村式には全国からコミュニティのメンバ

ーである五十名ほどの人たちに参加していただき、さらに昨秋に解散したラニャのメンバーである本池さん親子やN社からは久保田さんも駆けつけてくれました。開村式は、楽しく盛大にとり行うことができました。

そして、開村式終了後、第二グループのメンバーがセンター棟で打ち合わせを行い、このグループの名前が決まったのです。

このグループの名前は、キリパ村の名前を決めたときと同じように、チャネリングによって受けとったいくつかの候補の中から選ばれました。

その名前は……古代語で「アナカ・ヤーラ」。アナカとは花、ヤーラとは谷の意味だそうです。

「花の谷アナカ・ヤーラ」の誕生です。

キリパ村と花の谷アナカ・ヤーラ。日本にあるこの二つのコミュニティには、それぞれの役割があります。

キリパ村の役割は、二つのコミュニティの領域を広げることを担当しています。

コミュニティの領域というのは、それぞれのコミュニティにあるエネルギー発信の木を起点に、コミュニティとしての機能をほぼ円周上に発揮できる有効範囲のことです。

この有効範囲は私たちの活動が活発に行われたり、また人がたくさん集まり調和的に交流したりすることによって、その領域はどんどん拡大していきます。

もちろん、これらの地域でも争いが絶えない場所などではコミュニティの領域になりにくい場所もあって、有効範囲がすべて均　には広がるとはいえません。

こうして、キリパ村の領域が広がると、それに共鳴してアナカ・ヤーラの領域も広がることになっています。


一方、花の谷アナカ・ヤーラの役割は、一般の人とコミュニティの人との空間をつなげるエネルギーの補給を担当しているのだそうです。

私たちのコミュニティで創られたエネルギーが、コミュニティ外に情報発信されるという機能を維持するためには、コミュニティの空間とコミュニティ外の空間が分離しないようにすることが必要です。そのためには、つねにエネルギーを補充するのが、アナカ・ヤーラの役割です。

そしてこれは、私たちの活動が最終的には地球全体に広がるためにも大切なことです。

二〇〇一年三月現在、一つのコミュニティの住人は合わせて約六十名です。

結婚式

開村式の翌日、三月二十二日に私たちの結婚式を、九州からキリパ村の住人になるためにやってきた神田重信さんの司会のもと、ホテル「マイトン」の教会でとり行いました。この「マイトン」は、キリパ村のすぐ下にあって、前の年の秋に完成したばかりのリゾートホテルです。

僕たちは土地探しに来ていた頃、完成間近のこのホテルを覗き込んでは、
「これから、キリパに来られる人の宿泊施設として有効利用できるね」
と、みんなで喜び合ったものです。

そして、ホテルがオープンしてからは、ホテルのスタッフの人たちから、私たちがこの土地で安心して暮らせるように、さまざまな支援をしていただきました。ただ、残念ながら現在ホテルは閉鎖され、オーナー会社の保養所となりましたが、閉鎖されるまでは、キリパ村を訪れる人たちの多くが利用していました。

私たちの結婚式にはコミュニティのメンバーのほかに、N社からは久保田さんや、本池さ

結婚式で……涙をこらえながらの新郎挨拶です

ん親子など約三十名の方々に出席していただきました。この結婚式には、昨日の開村式で初めて会った人も何人かいて、僕は開村式終了後に、

「初めてお会いするのに、明日の結婚式に来てくださるそうでありがとうございます。きっと、コミュニティのメンバーって、深い意識ではしっかりとつながっているんでしょうね。これからもよろしくお願いします」

と話しかけていました。

あいにくこの日は雪がけっこう強く降っていて、控え室から式場まで屋外を移動するのに、衣装が雪まみれになるのではないかと心配されたのですが、入場直前にはその雪もピタリと止んで、しばらくは太陽まで顔をのぞかせてくれたのです。

また屋外で行うウェディングベルや記念撮影の

ときも、これまたピタリと雪も風も止んでくれました。これは精霊さんたちによる粋な演出だったのでしょうか？

結婚式は教会で行いましたが、私たちはそれぞれが創造主ですから神父さんも呼ばず、聖歌隊も友人にお願いし、私たちの手作りの結婚式はこうして始まりました。

神田「新郎、新婦による宣言です」

「私たちはともに歩み、夢を語り合い、はげまし合い
こうして、二人が出会えたことの喜びの歌を歌いながら
さまざまな出来事を受け入れ、分かち合ってゆきます

キリパ村の、この大地に住み、優しくもてなしてくださる土地の方たち
そしていつも暖かい仲間たちに支えられながら、自然の豊かさ、雄大さを
ここに訪れる多くの方々と分かち合うことで、さらに大きな喜びとなることでしょう
私たち二人にとっても新しい創造の場である、このキリパ村から

愛と喜びの思いをさらに高め、広く発信してゆくことを誓います」

次に僕が新郎挨拶として、N社を退社する直前にふと心に浮かんだ話をしました。

「譬話《たとえばなし》をします。僕は、生まれてずっと宇宙という川にダムを造ってきました。なんでダムを造ったかというと、将来、水がなくなると困るから。みんなも競って大きなダムを造っているんです。でも、だんだん、へんだな～と思いはじめました。水がおいしくなくなっていったからです。ダムを造ることが苦しかったんです。

そんなときに、久保田さんから山に登ろうと誘われました。僕は久保田さんの後をついて登って行きました。頂上に着いて下を見て、〝あっ！〟と叫んだんです。宇宙の川ってつながっていたんだ。ダムなんか造る必要なかったんだ」

じつは、ここで僕は思わず泣き出してしまいました。

それは、これまでひたすら築きあげてきたダムでしたが、ダムを造っていた目的が、自分で創り上げてきた幻想であることがわかったのです。でも、やっぱり簡単にはダムは壊せなかった、壊すのが怖かった。

結局、最後には壊したのですが、壊すまではとても怖かったんだという思いが、このとき一気に込み上げてきたのです。

「がんばれ!」という励ましもあり、泣きながら挨拶を続けました。

「その日から僕はダムを造ることは止めました。

そして、みんなに〝ダムなんてむだだよ〟って呼びかけたんです」

洒落《しゃれ》のつもりでしたが、泣きながらではサマになりません。

「でもそのときはまだ、これまで自分が造ったダムを壊すことまではできませんでした。

そして、沖さんと知り合い、コミュニティの創造に加わります。

キリパ村って不思議なんです。関われば関わるほどキリパ村に住みたくなるんです。

でもキリパ村は僕に、

〝キリパ村に住みたいんなら、これまで造ったダムを壊さなきゃダメだよ〟

っていうんです。

そして、僕はこのダムを壊すことを決意しました。

その勇気をくれたのが衣ちゃんです。

二人で一気に壊したものですから、濁流が押し寄せ私たちは溺れそうになりました。

そんなとき、助けてくださったのが皆さんです。本当にありがとうございました。

最初は濁流だった水も、だんだんおいしくなってきました。

まだまだ、ダムの破壊工事は全部は終わっていませんが、これからキリパ村に住んで、この水をもっともっとおいしくし、キリパ村を訪れた方々と分かち合っていきたいと思います。

本日はわざわざ私たちの結婚式に来ていただき、ありがとうございました」

結婚式の最後は、衣子の詩の朗読です。前日の開村式が終わってからも、この日のために衣子は何度も何度も詩を書き直していたようですが、僕にはこの結婚式まで公開してはくれませんでした。

「祈り――コミュニティにて」

この丘にすわって　いつか
空と大地に抱かれているような気持ちになった

吹くのはいつもまっさらな風
瞬間瞬間　新しく目覚める光
自然のリズムと同調して生きる

私たちがこれから向かうところ
やさしくなつかしい源（ふるさと）へ――
誰もがまなざしを注げるように
生まれたときの自分の輝きを思い出せるように
ここはさまざまな命のかたちを慈しみ
お互いのつながりをとりもどす場所

胸がキュンとしたら深呼吸をして
もっと心の深みに降りてゆこう
喜び悲しみ　日々味わういろんな気持ちのもっと奥にある
私の光を見つけるために
それはすべてと心を通わせて触れ合える望みを秘めた光

ほほえみを交わすことで満たされ
ただ　あふれてくるものを分かち合えるように
地球がかつてないほどに豊かで愛に満ちた星になるように
愛し合うことで　みんながひとつの光であることを思い出せるように

落ち着いて朗読する衣子の詩を聞きながら、僕は初めて衣子と一緒にこの地を訪れたときのことを思い出していました。

そして、未来の地球が愛に満ちた星になるように、これから衣子やたくさんの仲間とともにに歩めることに、喜びが僕の身体を満たしたのでした。

コミュニティの役割

こうして、コミュニティでの生活が始まりました。そして約三年が経過しました。しかし実際には五年～六年くらい経過したような感覚です。それくらいさまざまなことがありました。

コミュニティに住みはじめた頃に、地球は新しい宇宙グループ「アヤナレーニ」を産み出すための種子の役割であることが、本池さん、保坂さんのチャネリング情報によって伝えられました。

本池さんによると、この情報はコミュニティが実現したからこそ伝えられたということでした。つまり、

「アセンションのためにコミュニティを創ってほしい」

という情報を受けとり、それに同意した人たちがコミュニティ建設に向けて行動に移した時点で、本池さん、保坂さんに新しい情報が次々と伝えられはじめたというのです。

これは他次元の存在が伝える情報を、コミュニティのメンバーが信頼して行動することで、

こんどは他次元の存在が私たちを信頼して、より拡大した視点での新たな情報を伝える。地球に秘められた宇宙の壮大なる意図を私たちに伝えたうえで、この地球において創造の楽しさを実感させてくれる。このように「情報」と「行動」は車の両輪のように、つねにセットでした。どちらが欠けても成り立たない仕組みになっていました。

そして、本池さん、保坂さんがおもに「情報」を受けとる役割で、コミュニティのメンバーはその情報を受けて、「行動」するという役割分担でした。

コミュニティ創造に携わってきた僕たちが、本池さん、保坂さんの情報を信頼して行動できたのは、彼女たちの受けとる情報の奥深さ、拡がり、楽しさに加えて、その情報を決して僕たちに押し付けようとせず、淡々と受けとった情報だけを伝え、その判断を僕たちの自発的な行動に委ねようとするその姿勢に共感できたからです。そして、僕たちは彼女たちの伝える情報に沿って行動すると、いつも新たな自分自身の発見があり、なんともいえない喜びを感じることができたからです。

コミュニティ建設活動に平行して、本池さん、保坂さんの受けとった新たな情報は次のようなものです。

宇宙グループとは現代科学が認識している以上にとてつもなく大規模な宇宙の集合体です。そして、この宇宙グループはこれからアヤナレーニに生まれ変わろうとしています。

いま、私たちのいる宇宙グループは、六十六万個の宇宙を内包している宇宙グループです。地球から見える満天の夜空に輝く無数の星や銀河宇宙、この全体が一個の宇宙です。

このような規模をもつ宇宙が、六十六万個も集まって一つの宇宙グループが構成されています。このうち、三十三万個の集合体を「リリッセ」といい、残りの三十三万個の集合体を「ミッシーリ」といいます。

そして、この六十六万個の宇宙全体、つまりリリッセとミッシーリを統合し融合させるために、必要とするあらゆる事柄を生み出し、アヤナレーニを誕生させるための種子となる星として、この地球がリリッセ側に創造されたということです。

このような宇宙グループは全部で十二個あって、すべての宇宙グループはいま、私たちのいる宇宙グループがアヤナレーニとして生まれ変わるように、融合と分離を繰り返しながら進化していくのです。

そして一九九九年十月ごろに地球人はアセンション（次元上昇）し、アセンションＵＦＯという銀河系の三七パーセントの大きさをもつ宇宙船に移行するということでした。

そして現在、地球人はもうアセンションＵＦＯへの移行は完了しているのです。いま現在、以前の地球とまったく変わらない環境のようですが、ここはもう昔の地球ではありません。

それと、本池さんたちから伝えられた重要な情報に「コア」というものもありました。コアというのは、すべての創造の発端となる根本創造主の片鱗《へんりん》であり、自分自身の本質のことです。つまり、私たちは創造主であり、ありとあらゆる創造を楽しむ存在ということです。そのために、コアは意識体を伴い自覚が生まれ、さらに肉体や魂などを創造し、その中に入り現実創造を楽しみます。肉体はその人の一生で使用する体験創造のための乗り物です。そして魂は、コアが体験しようとする宇宙グループ内の、特定の次元で使用する体験創造の基盤となるものです。肉体も魂もこの宇宙グループがアヤナレーニへ移行するときには消えてなくなります。しかし、コアは根本創造主から派生してから根本創造主に帰るまで、宇宙グループの変遷を越えてもずっと存在しつづけるものです。

私たち（の本質であるコア）は、アヤナレーニへ移行するときは、新たな体験創造をする基盤（肉体や魂に代わるもの）を受けとり、アヤナレーニへと向かいます。

地球次元では、コアは意識体と魂と肉体を同時に伴って、はじめて地球人という生命体として存在していることになります。

ところで地球という星は、アヤナレーニという新しい宇宙グループを産み出すために、リリッセとミッシーリの生命体（コア）が、さまざまな体験創造によって生み出したエネルギーの中でも、特に周波数の高い愛のエネルギーで創造された星です。

そして地球人は、この星で体験を積み重ねながら、アヤナレーニを産み出すために必要なエネルギーを創りだす役割がありました。それはリリッセとミッシーリで繰り広げられた、さまざまな愛のエネルギーを必要とする現実を地球という一つの星に集約することで、この星をアヤナレーニを産み出すための種子として完成させることでした。

そのために、地球人はリリッセとミッシーリの中から、愛の体験創造の豊かなコアが体験するための生命体として創造されました。また、地球人はその一生が、リリッセとミッシーリが融合してアヤナレーニが誕生するまでの過程を投影させた生命体ということです。

例えば、男女が出会い結婚してベイビーが生まれるように、ミッシーリが男性、リリッセが女性を、そしてリリッセ側に創られた地球が卵子を象徴しています。

そして、これから誕生させる「アヤナレーニ」を豊かな愛に満ちた宇宙グループとするために、これまで地球上で繰り広げられてきた、地球人による愛の創造体験がありました。

より豊かな愛のエネルギーを創造するためには、愛を表現しにくい現実を生きるほうが創りやすいのです。ちょうど、より高くジャンプするために足腰を鍛えようとするときに、より重いおもりを使ってトレーニングするようなものです。

そのために地球人はわざわざ、自他の概念がもっとも明確な三次元空間に身を置き、分離の方向性の強い視点（つまりエゴの視点）で生きるようにしてきたのです。

　地球の歴史を振り返ると、戦争や病気などの否定的な出来事が繰り返し行われてきましたが、その中で平和や健康、そして愛の素晴らしさも知りました。

　つまり私たちは、数々の否定的な体験の中でも、愛の方向性を見い出そうとすることのできる貴重な存在（コア）であるということです。分離の明確なこの空間でも、すべては一つであるという視点を見い出そうとする意識をもてる存在（コア）であるということだったのです。

　地球人から発信される愛の周波数は、否定的な要素が強い現実ほど、より高い周波数のものが発信される可能性がありました。

　そしていま、地球人の役割は達成され、アヤナレーニを産み出すために必要な愛のエネルギーは十分に創られました。つまり地球はアヤナレーニの種子として完成しました。


　そして、地球で創られた愛のエネルギーが種子としての機能を発揮し、いよいよアヤナレーニを産み出せる段階になったので、地球人はアセンションＵＦＯに移行したのです。

　ここでは、それぞれが自分の本質の愛に目覚めるとともに、さらに、その愛を成長させる体験を行う空間です。各自が地球での役割を果たすために身につけてきた、否定的体験を生み出すエネルギーを、宇宙の純粋なエネルギーに返し、本来の自分を取り戻すために、アヤナレーニに向かう準備をしているところです。

地球人のこれまでの役割は、否定的な現実のサイクルに身を投じることでしたから、否定的な現実を生み出してしまうパターンが遺伝子レベルにしみついているのです。そのパターンを自ら解放し、本来の自分自身を取り戻す過程を踏むのがアセンションＵＦＯ内でのこれからの体験になります。

同時にこの過程を通して、さらに自分を急激に進化させます。

いまこのアセンションＵＦＯ内は、それまでの地球と同じ分離の明確な三次元空間です。三次元の現実を生きるということは、他者との衝突の起こらない状態の体験創造になります。しかし、現実に私たちの身の回りに衝突や争いが絶えないのは、この空間は三次元ですが、地球人は二・五次元の現実を生きているからです。

そしてこれから、衝突の絶えない二・五次元から、衝突の起こらない三次元の現実まで、各自がそれぞれの自由意志に基づいて自らを進化させるのがアセンションＵＦＯでの体験になります。

より分離感の強い空間ほど、すべては一つという意識を持とうとするには高い周波数の愛のエネルギーが必要になります。ですから、より強い愛のエネルギーを自分自身に育てることが可能になります。貴重な体験です。

そんな中で私たちコミュニティのメンバーは、少し早く否定的な現実を生み出すパターンの消化を体験し、地球人の方をサポートする役割があります。

そのコミュニティの目的は、

①　未来の地球へ光の要素を十分に含む調和的交流のエネルギーを送る。この地球で、私たちが表現できる最高の調和的波動に基づく生活を表現することです。

先ほども述べましたが、ここはもうアセンションＵＦＯという巨大な宇宙船の中です。そして、アヤナレーニ誕生までこれから約十二年間、私たちはこのＵＦＯの中でのさまざまな体験を通して、それぞれ自分の愛を成長させます。

つまり、二・五次元から三次元まで進化させます。

そして、その後アセンションＵＦＯ内にすでに存在している新しい（未来の）地球に降り立つというステップを踏みます。

この未来の地球は四次元からスタートする空間だそうです。この空間はコミュニティで目指している真の調和を実現させ、新しい文明を開花させようとしている世界です。

コミュニティは、その未来の地球に調和的交流のエネルギーを送る役割があります。

調和というのは繕《つくろ》った見せかけの人間関係ではなく、各自が自分の真実を表現し合い、かつお互いを認め合う状態が真の調和だと考えています。

マイホームの建設資金をセンター棟の建設に振り向けたこともあって、僕と衣子は最初の約一年間、センター棟での共同生活を送りました。

センター棟の五つの個室には、沖さん、佐藤さん、藤井さん、神田さん、そして私たち夫婦の五世帯六人が入居しました。また、佐藤さんの犬二匹も同居しました。

個室にはキッチンやバストイレはなく、食事は二人一組の交代制で作るようにし、朝食以外はいつもみんなで一緒に食べました。

お風呂も声をかけ合い順番に入りましたが、みんなで近くの温泉に行くことも多々ありました。風呂、トイレ、居間、台所、ホールなどの共同部分の掃除は、気づいた人がするということで、特に当番制をとらずに進めました。

こうして、六人の共同生活が始まりましたが、「アセンション、アヤナレーニ創造」という目的はみな同じでも、これまで培ってきた生活スタイルや価値観はバラバラでした。

ですから、みんな我慢して暮らすようになり、見せかけの調和をとろうとするんですね。だけど長続きしません。どこかでみんな疲れきってしまい話し合いを持ちます。そこで、それぞれの本音を出し合い、お互いの価値観を認め合おうという過程を踏みました。

自分の真実を表現するときは、時には勇気もいりました。一時的には衝突を生み出すこともあるからです。でも、その衝突を恐れて何もいわないでいると、結局は繕った関係、ごまかし合う関係になります。その衝突を恐れないで表現すると、結果的には真実が返ってきました。

親友が本当の親友になるまでに、お互いが自分を剥《む》き出しにして喧嘩をすることがあるのとよく似ていました。

この衝突を越えてお互いを認め合うと、だんだん心と心がつながった状態になっていきました。

こうして、コミュニティでの交流を通して、個人個人の垣根が徐々に低くなってきているのを実感しています。接していて無駄な気を使わない人が、だんだん増えています。

じつは、メンバーの中には、年齢や過去の経歴などほとんど知らない人もけっこういるのです。また、コミュニティ外で仕事をしているメンバーとは、日頃はなかなか会うことができません。それでも、みんな同じ目的でここに来ていることで、なんとなく意識がつながっているという感覚です。分離感をあまり感じないのです。

もちろんプライベートというか、それぞれ個々の空間もお互い尊重します。人のうわさ話などもいまでもありますが、陰口よりもむしろ、その人の成長を喜んだり、または見守ったりと、明るい話題に変わってきているように感じます。

お互いをサポートし合い、成長を促している人間関係に発展しているようです。

コミュニティで生活して約三年間、調和的交流の周波数が徐々に高まってきていることを実感しています。

② あらゆる生命体（土、水、植物、動物、精霊、牧神、他次元生命体、人間、その他）が対等に尊重し合う関係をもとに共存する小さな町を創る。その交流し合うエネルギーが、ある程度できた時点で未来の地球へと送り届けられる。

人間以外の生命体との交流を、いつも意識的にしているわけではありませんが、普段の生活では忘れられがちな土、水、植物なども ちゃんと意識があって、私たちと同じように生きているということを念頭において生活しています。

もし、自分がそのことを忘れてしまったときは、それを思い出させるような現実がコミュニティではよく起こります。

例えばこんなことがありました。

僕がキリパ村に遊歩道を作ろうと、どんどんスコップで生えている植物を取り除きながら、

「ここは、これから遊歩道にしたいと思いますので、決して邪魔者扱いしているわけではありませんからご協力ください」

と、植物さんに話しかけてから作業に入っていたのです。

ところが、夢中でスコップを走らせ遊歩道をどんどん進めるうちに、つい植物さんに話しかけるのも忘れてしまい、ある苗木を引き抜こうとしたら、その枝が僕の目に当たり、片方のコンタクトレンズが外れて草むらに飛んでしまったのです。

「ヤバイ！」と思ったのですが後の祭り。二十年間どんなに紛失しても必ず出てきたコンタクトともこれでお別れかーとガッカリしたのですが、このときふと感じたのです。

「いつも植物さんに話しかけていたのに、最近は話しかけもせず作業に夢中になっていたから、きっと植物さんが寂しがっていたずらしたんだろうな」って。

そして、あらためて植物さんたちに、

「ここは遊歩道にしたいのでよろしく！　みんなのこと嫌いじゃないからね」

って話しかけたのです。その後、コンタクトが飛んでいったであろうと思われた草むらを

ダメモトで捜したら、草に引っかかっているコンタクトレンズをすぐに発見できたのです！

また自然界は、さまざまな気象の変化を通して、私たちにメッセージを伝えてくれます。

例えば、コミュニティが一時エネルギー的に微妙な時期があって、それは人間に例えるなら保育器に入った未熟児の赤ちゃんみたいな時期で、そのため、コミュニティに住める人やセンター棟に入れる時間などが制限された期間がありました。

でも、私たちがそれに気づかずに、誰でもコミュニティに、センター棟に自由に出入りしていたものですから、コミュニティ周辺は連日土砂降りが続いたのです。

約一週間も強力な低気圧が北海道上空に停滞したままで、すさまじい土砂降りが続いたものですから、僕が気になってチャネリングして情報をとったうえで、本池さんにも確認してもらったら……、

「コミュニティの領域内において、入れない場所に、入れない人が入ったままです」

ということでした。

その後、さらに具体的な情報をとると、センター棟に居住している一部の方に、センター棟以外の所に移動してもらう必要があることが判明したのです。

これはセンター棟の保護だけでなく、居住している人たちにもダメージがあるということ

でしたから、急いで事情を説明して周辺のアパートなどに引越ししてもらったのです。このことは当時、事務局として「みなさんコミュニティに来てください」とさかんに呼びかけていた僕にとっては、とても辛い現実でした。

本池さんからは「これは、差別ではなく役割の違いですから」と言われましたが、事前にこの状況を察知できなかったことに責任も感じました。

幸いにも、引越ししていただいたメンバー全員、この事情を納得していただきホントにありがたかったです。

そして、引越しが完了した日に、キリパ村に降り続いていた雨は止みました。

いまでは、コミュニティもセンター棟も特に入場制限はありませんが、エネルギーを創り上げていく過程では、このようなエピソードもあったのです。

このほかに、生命体ではないのですが、この地球空間では機械も感情体というのがあるそうです。だから、機械でも大事に扱うと長持ちするのは、機械の感情体が反応しているためだそうです。

特にコミュニティに来てから機械に話しかけるようになったわけではないのですが、もともと車が好きだった僕は、自分の愛車をいつも家族同様に大切にしています。

洗車やワックスをかけるときや遠出から帰ってきたときは、「ご苦労さん」「いつもありがとう」って声をかけてやります。この愛車は僅か三年弱で走行距離が六万キロを越えましたが、この僕の意識に応えてくれているためなのか、これまで大きな事故や損傷もなく、いつも元気に走ってくれます。

また、自宅のＦＡＸや電話も僕に何かを伝えようとするときに、異常な状態で知らせてくれることがよくありました。

以前、僕がチャネリングしていたときです。

チャネリングでは心を落ちつけて、特定の存在の名前を呼んでつながります。

「ゲームマスターの○○○さん、来てください」

このとき、つながる他次元存在の名前を正確に呼ぶ必要があったにもかかわらず、その人の役割（ゲームマスター、マスターなど）を省いて呼んでしまったことがあったのです。

「○○○さん、来てください、○○○さん、来てください」

そして、僕が新しいセミナー情報をとろうとしてチャネリングしているにもかかわらず、

「どこどこで、ちかく地震があります……」

というような予言やつじつまの合わない情報が次から次へと送られてくるのです。

「これは変だな」とは思いながらも、受けとった情報をチェックしてもらおうと本池さんにＦＡＸしたら、電話回線が混線してなかなか送れませんでした。

しばらくして、ようやく本池さんにＦＡＸを送れたと思ったら、すぐに本池さんから、

「瀬木さん、つながる存在を正確に呼んでる？　ちゃんと〝ゲームマスターの〇〇さん〟と呼んでる？」

という電話。僕は、

「そういえば、ゲームマスターとはいわなかった」

「ああ、だからだ。いろんな宇宙から〇〇さんの名前をもつ存在が瀬木さんにコンタクトしてきたため、瀬木さんが混線状態になっていたのよ……」

僕の状態をＦＡＸが象徴的に知らせてくれたのでした。

このように、コミュニティでは目に見える存在、見えない存在、そして機械に至るまで、自分の行動が本来の方向からズレていたらさまざまな現象を通じて知らせてくれます。

そして、もっとも明確に、直接的に知らせてくれるのが、自分を取り囲む人たちです。

この人間との交流が基本であって、これが調和的にできないと、どんなに他の存在とチャネリングで交流しようとしてもスムーズにいかないのです。

広義に捉えると、チャネリングというのは日々の生活の姿勢そのものともいえます。コミュニティに来てからというもの、チャネリングというのはテクニックではなくて、心の共鳴現象だとつくづく感じています。お花を愛する人が、花に話しかけながら育てているのも素晴らしいチャネリングだと思います。

自分がどんな周波数を発信するかによって、つながる存在が特定されてしまうようです。「類は友を呼ぶ」……人間どうしの交流も同じだと思います。自分の思いがすべての存在を呼び寄せ、自分を映し出しているともいえます。

つまり、私たちの存在は、すべて共鳴現象（チャネリング）を通して、他の存在と交流する中で自分を知り、そして自分を変化させていくゲームをしているんだな……と感じています。コミュニティで生活していて、すべての現実はいろいろな存在との相関関係で成り立っていることがわかってきました。

自分がすべての現実を創造しているわけだけれど、かといって現実創造は自分一人だけではできない。その中でサポートしてもらったりサポートしたりで自分が変化すれば、それに関わる人にも変化を呼び起こす。

それは人間だけでなく、動物、植物、自然、そして目には見えないけれど精霊や他次元の存在たちにも……それぞれの存在の変化が、それぞれの存在の変化を促している。

どうせ同じ変化を与え合うのなら、やはりお互いを生かし合う変化を与え合い、そしてお互いが拡大したい。

与えたものが返ってくるこの宇宙の法則を知って、自分がどのような意識で日々過ごしたらいいのか、そのことをコミュニティでいつも感じながら暮らすようになりました。

見せかけの笑顔や繕《つくろ》った自分で人と交流すると、やっぱり偽りの交流が返ってくる。

怒り、悲しみ、エゴなどまだまだ否定的な要素をいっぱい持っている自分を正直に包み隠さず表現すると、「みんな同じもの持っているから安心して大丈夫よ」というみんなの真実の愛が返ってくる。

みんないさぎよく自分を正直に表現しながら光の方向（真実の喜び、真実の幸福）に向かって進んでいます。

それから、コミュニティで目指しているもう一つの大切な要素が「対等」です。

コミュニティで目指している社会は、これまでの社会構造とは異なるものです。人との優劣を競って、敗者を作りながら前進する社会とは異なる構造を目指しています。つまり、階層や階級のない社会です。衝突のない社会です。そのためには、それぞれの存在が対等になる必要があります。

そして、お互い対等であるためには、それぞれが「自立」している必要があります。自立した生き方というのは、それぞれが、すべての現実は自分が創っているという責任をもった生き方をするということです。その生き方ができれば、どのような状況でも人を責めるとか非難することもなくなります。また人を操ったり（支配したり）、人に操られたり（頼ったり、依存したり）して生きていくこともなくなり、結果的にそれぞれが対等な関係になっていくわけです。

また、自立することによって、相手の反応によって左右されない自分の真実がいつも表現できるようになります。そして結果的に、その人がもっとも自由であり、真実の喜びに満たされることになります。

経済的な自立、精神的な自立、コミュニティではどちらが欠けても苦しくなります。いま、各自がそれぞれの現実の中で、自立すべく行動しています。

コミュニティでの初仕事

コミュニティでの僕の最初の仕事は、キリパ村の事務局としての仕事でした。キリパ村に来るまでは、関東地区の事務局を担当していて、関東地区での打ち合わせの段取りや開村式の企画などを行ってきましたが、コミュニティに来てからはキリパ村の事務局を担当することになりました。

僕がセンター棟に住みはじめてまもなく、

「事務所のエネルギーを降ろします」と本池さんから伝えられました。

私たちの役割の一つに情報発信活動があります。ここで受けとったチャネリング情報や、私たちがコミュニティで体験したことが、地球人の方と分から合えるものであるならば、それらを広く伝えていく活動です。

そして、その活動を円滑にするために、また拡がりがあるようにするために、他次元の存在が事務所のエネルギーを降ろし、彼らのサポートを受けやすくするというのです。

そのためには、事務所の場所を決めて事務用品をそろえてくださいということでした。

それまで事務的な仕事は、センター棟の居間の食卓を利用していたために、食事のときはいちいち書類を隅にかたづけていたのですが、情報発信機能の体制を急いで整えたほうがいいということで、札幌まで事務机を買いに出かけました。

そして、センター棟の居間の片隅に事務机を設置し、そこに事務所のエネルギーを降ろしてもらい、僕の事務局としての仕事が始まりました。


当初センター棟には六人のメンバーが住み、共同生活を始めましたが、取り決めたほうがよさそうなことがあれば、すぐにみんなで相談しルールを決めていきました。

そして、僕がその内容をまとめ、キリパ村の規程として作りあげていきました。

家賃、食費、食事当番、公用車制度、外部の方の宿泊料金や送迎料金などなど、相談するべき人が同居しているので、とてもスムーズに事は運びました。

基本的には、ここでは、やりたい人がやりたいことをやればいいので、必要以上にルールは作らない。そして、決めたルールにこだわらない。ルールを変えることはいつでもOK、という方針で進めました。

最初僕は、ルールがないと秩序が乱れ、生活が成り立たないのではないかとも思いましたが、みんなに全体的な視点で物事を捉えようとする意識があったので、一時的には衝突しても必ず話し合いで解決できました。

やりたい人がやるという、このルールなきルールは、僕にとっては新鮮でした。

「いまやっていることは自己犠牲かな」

「いま、この仕事を手伝わないのはわがままかな」

この二つの気持ちが支配的になると、ルールがあるほうがかえって楽だと思うこともありました。でも、このおかげで人の目を気にせず自分のやりたいことをやって、かつ、全体とのバランスをとるにはどうしたらいいか、内面的なレッスンにもなりました。

事務局を担当してもう一つよかったことは、コミュニティ外のいろんな人たちからさまざまな声を直接聞けたことです。

「コミュニティに遊びに行きたいのですが、送迎はしていただけますか。宿泊も可能ですか」

……もちろんです。送迎費用はいただきますが、洞爺駅、留寿都《るすつ》、千歳空港など、ご相談いただければ送迎させていただきます。

宿泊はセンター棟のホールで可能です。プライベートな空間ではありませんが、みなさんとても気持ちがいいと喜んでいただいています。もし、個室が必要でしたら、近くの温泉やペンションなどを紹介させていただきます。
ぜひ、いらしてください……。

「アセンションＵＦＯに移行すると、お金はいらなくなりますか」

……当面お金がいらなくなることはないと思います。でも、お金は否定的な現実を生み出すための道具でしたから、その役割はもう終わりました。だから、これからそれぞれの方がお金への執着をなくしていく流れになると思いますよ……。

「そちらに住んでみたいのですが可能ですか。もし可能でしたら、どのようなシステムになっていますか」

こちらに住むためには、①敷地内に家を建てる。②センター棟に住む。③近くのアパートを借りて住む、などの方法があります。キリパの敷地内に家を建てるのでしたら入村金をお支払いいただき、土地の利用資格を取得していただきます。

アナカ・ヤーラは敷地内の土地を分譲販売する形式をとっています。

センター棟の居住は家賃をお支払いいただきますが、個室は現在満室のためホールでの生活になります。いずれにしても、一度こちらに来られてから検討されたほうがいいと思いますので、そのときは連絡くださいね。お待ちしております……。

コミュニティへの問い合わせ、質問、励まし、提言など、いろんな角度から貴重なご意見を多数いただき、コミュニティ内ではなかなか見えない部分なども捉えることができて、僕自身とても勉強になりました。

現在、事務所のエネルギーはセンター棟の居間の隣にある個室に移動させ、そこがキリパ、アナカ・ヤーラ共通のコミュニティ総合窓口となりました。

僕自身、事務局としての自分はあまり意識しなくなりましたし、実際事務局としての仕事を、他のメンバーもどんどん自発的に行っています。

いまのコミュニティは、何かアイデアを考えだした人が自発的に中心になってどんどん進めていくという流れが定着しつつあり、より理想的な方向が実現されてきているように感じます。

来客ラッシュ！

センター棟に住みはじめた頃は、キリパ村が雑誌に掲載されたこともあり、たくさんの来客がありました。

そして来客があるたびにセンター棟の住人が応対し、コミュニティの主旨などの説明をするのですが、基本的には当時リーダーだった沖さんと、事務局の僕がおもに応対していました。

精神世界に興味のある方やない方、またマスコミなどさまざまな方が来られました。

あるとき、地元の新聞社の方が来られて、僕が応対したときのことです。なんでも、心の時代に焦点を当てて「癒しの村」という観点でコミュニティに取材に来られたのです。

最初に、私たちの受けとった情報（地球が生まれ変わり、新しい宇宙グループが誕生します……）について概略をお話しするのですが、特に大きな反応もなさらずに、黙って聞いておられるだけでした。ところが僕が、

「会社生活時代は、上司の顔色を伺いながらの毎日でした。でも、ここに来てからは、人の目を気にせず、自分のやりたいことができるのでハッピーです」

というと、とたんに、

「その部分もっと聞かせてください」

と、目を輝かせて聞き入っておられました。僕がつづけて、

「一般の社会では、真実を伝えると衝突が起こることが多いため、だんだん真実をいわなくなるでしょう。建前と本音を使い分けるようになるでしょう。

でも、ここではそのような生き方をしていては、逆に真実を表現しないとだんだん自分が苦しくなっていくんですよ。ここは、地球人以外のさまざまな存在もサポートしてくれて、真実を生きやすくできるようになっているんです。

つまり、真実を表現せざるを得ないような状況が、次から次へと押し寄せて逃げられなくなるんです。もちろん逃げることも可能ですが、逃げていると内面的に苦しくなるんです」

そのうち、僕は止まらなくなってきて……、

「人に真実をいうときは勇気がいりました。その人にとっては辛いことを伝えなければいけないこともあるからです。でも、その人のことを本当に愛しているなら、辛いことでもいえますよね。

だけど、気をつけなければならないのはいい方なんですよね。相手にその内容を受け止めてもらえなければ誤解を招きますからね。でも、その人にとって真実を伝えたと思ったら、一時的には衝突があっても、いずれはその人の真実が返ってきますから……、

こうして、真実を生きるようになるとホントに楽です。楽しいです」

もう、ちょっとしたミニ講演会のように僕は興奮して話してしまいました。

また、ある日は大学の文学部の先生が来られました。大学での研究テーマとコミュニティとの関連に興味をもたれての来訪でした。

このときも、最初は、

「このコミュニティは、チャネリングで受けとった情報を元に創りました」

というような話をするのですが、先生は否定されないものの、まるでSF小説を聞いておられるような、驚きの表情をされていました。

正直いって、情報だけを伝えるなら先生の研究テーマとはかけ離れているのは明白で、先生も場違いのところに来てしまったという感じでした。

ところが、私たちのここでの生活や行動についての話をすると……、

「その部分は、とても共感します」

と受け止めていただいたのです。先の新聞社の方と同じでした。

それから後日、この先生は自分のゼミの学生さんたち十五名を連れて再訪されたのです。このときも、僕が対応させていただき、情報よりもむしろ、ここでの真実を生きる部分について話をさせていただいたのですが、みなさん真剣に、かつ共感をもって聞いてくださって、僕も楽しいひとときでした。そして、最後に僕が……、

「ここは、いまは大自然の中の人里離れた田舎ですけど、いずれ銀座のように賑やかになりますから、そのうちまた来てくださいね」

というと、みなさんさわやかな笑顔で、

「銀座ですか。ホントですか」

「ホントですよ。もうちょっと先の話ですけどね。だから、ここを覚えておいてくださいね」

確かに情報そのものは、現実の生活とはかなりかけ離れた内容ですから、一般の人が、それほど興味を持たれることはないようです。ところが、私たちがここでどのような生き方をしているかということになると、がぜん目の色が変わり興味を示されることが多かったのです。

また、ある来客の方からは……、

「収入はどうしてるんですか」

という現実的な質問もありました。

「僕の場合は、雇用保険と貯金で賄ってきました。セミナー、講演会などもやりましたが、生活を安定させるまでの収入はまだ得られていません。もちろんコミュニティ外で働くことは自由ですし、実際に近くの病院やホテルなどで働いている人もいます。

でも、僕の場合はコミュニティの仕事で生計をたてられるように、本を書いたり、農作物を販売したり、ミュージカルを始めたりしています。

きっと、私たちの愛のレベルが一定以上に成長しないと、ここは広がらないようになっているみたいです。自分の愛のレベルって追い込まれたときに見えますね。

楽しいときは、誰でも笑顔でカッコいいことはいえますが、自分が窮地に追い込まれたときでも同じことをいえるくらいに、強くなりたいですね」

なんだか人に説明しながら、自分にいい聞かせているというか、自分の行っていることをあらためて再確認することもたくさんありました。

会社生活時代は営業関係に長くいたこともあり、接客は僕にとっては楽しい体験でした。また、人にわかりやすく伝えるためには、どういう表現をしたらよいかも、このときに学びました。後に講演会をすることができたのも、その英知をここで養ったのではないかと思っています。

こうした近隣からの日帰りの来客も多かったのですが、遠方からの宿泊を伴う来客は、それ以上に多かったのです。

特にセンター棟が出来た年の七月までは、本池さんたちの主催するティーチャーコース・セミナー（一九九七年十月〜一九九八年七月まで、おもに北海道で実施されたセミナー）が毎月洞爺村で実施され、セミナー受講者の方への宿泊所としてセンター棟を開放したために、多いときで二十名を超える方が、同時に宿泊されました。

このときの宿泊は、おもに約一〇〇平方メートルの広さのあるセンター棟のホールを利用し、たくさんの方々に寄贈してもらった布団を用意しました。洗面所には洗面タオルだけ用意し、お風呂は基本的には近くの温泉まで住人が案内しました。

そして、もっとも準備が大変だったのは食事でした。

ここでは料理の得意な佐藤美佐子さんが、毎日のメニューを考え、みんなで協力して材料を仕入れ、料理を分担しました。

このティーチャーコース・セミナーのときだけは、食事や掃除の応援のためにコミュニティ外からもわざわざボランティアのために駆けつけてくださった方もありました。

ちょっとしたお祭り騒ぎで、センター棟は一時的にペンションのような賑わいでした。

僕は、このときは宿泊者の駅やセミナー会場、温泉への送迎のほか、宿泊費、食費の精算などの事務的な仕事をおもに受け持ちました。

このときばかりは、プライベートな時空間はなくなりましたが、コミュニティに来てくださる人でごった返すというのは、たまにはいいものでした。


その後、コミュニティには入場制限があった時期もあり、一度に大勢のお客さんが来られることは少なくなりました。しかし、昨年（二〇〇〇年）の夏からコミュニティ体験ツアーが始まり、コミュニティへの来訪者を再び募りはじめました。

今後、夏休みを利用した子供たちのコミュニティ体験教室など、みんなでさまざまな企画を行い、大勢の人が僕たちの現実の交流生活を体験していただける機会を増やしていきたいと考えています。

なにせ、ここは未来の銀座ですから……。

楽しい宇宙創造

コミュニティは新しいアヤナレーニという宇宙グループを創造する最前線の場所です。新しい宇宙グループの環境作りというか場の創造です。

地球で繰り広げられた競争原理に基づく社会ではなく、それぞれが真の喜びを表現できる場にするために必要な仕事をします。それは私たちのような肉体をもった存在だけではなく、宇宙のさまざまな存在との共同作業です。

私たちがかつて住んでいた地球やコミュニティで創り上げた、アヤナレーニ創造のためのエネルギーを他次元の存在が必要な所に運んでくれます。

目には見えませんが地球で創り上げたアヤナレーニ用の材料を、私たちがコミュニティで加工し、その加工した材料を他次元の存在がアヤナレーニまで運んでいる、そんな感じですね。

それでは具体的にどんなことをしているかというと、カナヅチとノコギリを持って……というような大工さんのような仕事ではなく、特に歌を歌うことがたくさんありました。

歌を歌っているときは、声だけではなくリズムをとるために身体全体を使って表現しますから、歌を歌うことによるエネルギー創りが多かったのはそのためではないかと思います。

歌うことによって、宇宙連合の基地を創るための空間を創ったり、植物、牧神、自然界とつながるルートを創ったり、さまざまな創造を行ってきました。

その中には、目には見えないのですが、太陽星人や宇宙連合のプレアデス星人の方が一緒に歌うこともありました。このときは、アナカ・ヤーラの小笹均さんが担当です。彼のチャネリングで歌う曲目、歌う場所や日程、人数などの情報をとったうえで、みんなに声をかけ招集したのです。このワークの目的は……、

「夢のエネルギー創り。地球人が夢の中で空を飛ぶようにする。これによって地球人の三次元の執着を薄くする」というものでした。

僕がこのワークに参加したときは、アナカ・ヤーラの畑（クピリットガーデン）で行いました。コミュニティのメンバーの五〜六人くらいが、直径三〇メートルくらいの円陣を作るのですが、小笹さんが……、

「この円陣のここに、いま太陽星人の方が降りてきます。それから、ここに宇宙連合のプレアデス星人の方が降りてきます」

と説明し、チャネリングでその存在が来ていることを確認します。

そして……、

「来られました。では、準備ができましたので、みんなで歌いましょう」

さまざまなワークの中でも、他次元存在がそばにやってきて一緒にワークをするのは僕もこのときが初めてでした。目には見えなくても何か感じられるかなとチョット期待していたのですが、残念ながら何も感じられませんでした。

そして、みんなで大きな声で指定された曲を歌い続けるのです。

「♪　あの人のママに会うために、いま一人、列車に乗ったの……♪」

歌い終わると、小笹さんが……、

「チョット待ってください。ＯＫかどうか確認しますから……」

と言って彼のチャネリングでそのワークが成功したかどうかを確認します。

「はっきりとＯＫが出ないので、念のため、もう一回歌いましょう」

そして、また歌います。

歌い終わってまた小笹さんがチャネル……。

「ＯＫで～す。みなさんありがとうございました。太陽星人さん、宇宙連合のプレアデス星人さん、ありがとうございました」

小笹さんは僕たちだけでなく、目に見えない他次元存在にも忘れずにお礼を言っていました。

このようなワークがコミュニティでは繰り返して行われました。

情報で伝えられる曲は、はじけるような音楽が多く、リズムも乗りやすく、歌っていると楽しくなる曲が多かったです。

そんな中で僕は、ドリカムの「ハッピー、ハッピー、バースデー」という曲が大好きになりました。僅か一分ほどの曲ですが、リズムとハーモニーが素晴らしく、歌うたびに異なるパートを自由に選べるので楽しいのです。

でも、僕がこの曲が好きになるまでには少し時間がかかりました。

本池さんが、エネルギー創りに向いている歌を紹介する中で、

「この曲がとてもいいのよね」

といって、ＣＤラジカセでこの曲を聞かせてくれました。

「♪　午前０時を過ぎたら、一番に届けよう。ハッピーバースデー……♪」

初めて聞いたときは、このリズムとハーモニーにとてもついていけないと思い、

「ええっ！　こんなの歌うの無理だよ」

と僕は拒絶反応が先に出ました。

コミュニティ内でエネルギー創りの曲を選曲するときも、僕は先陣をきって、

「ドリカムのハッピー、ハッピー、バースデーはやめよう」

と発言していました。

でも、そのうち保坂さんから電話があり、

「マスターの〇〇〇さんがね、どうしても、この曲をコミュニティの人に歌ってもらいたいんだって、とても光が入る歌なんだって……」

いよいよ逃げられなくなって僕も観念し、

「まあ、〇〇〇さんがそこまでいわれるんだったら、リクエストにお答えして一回やってみるか」

とチャレンジしてみることになりました。

結果は、一番避けていた僕が、一番はしゃいで歌っていました……。

僕っていったい何なの？

このようなノリのいい歌でも、同じ曲を日に二、三時間も歌い続けるときもありましたか

ら、このときはさすがに飽きてきました。

そこを楽しくみんなで、時には踊りながら、時には寝転びながら、時には……いろいろ工夫して楽しさを継続するように歌うのです。そこに楽しさ、喜びを生み出す英知が養われ、そのエネルギーもアヤナレーニ創造に使用されるというものです。

その他、ハーブ園や畑を造ったり、洞爺湖に入ったり、雪の中で遊んだりもしました。

数々の宇宙創造のためのエネルギーワークの中で、ハーブ園の創造は衣子が担当の一人でした。

これはキリパ村に住みはじめた年の七月に始まり、その年の十一月二十日に完了しました。このハーブ園の目的は、「私たちがアヤナレーニに向かう直前に移行するＮＯ・２０５１の宇宙に植物の遺伝子を送り届ける」というものです。

西田智雅子さんと二人で協力しながら、毎日ハーブ園の手入れを続けていました。キリパでは西田さんと衣子のどちらかが、毎日欠かさずハーブ園の手入れをする必要がありました。アナカ・ヤーラでは中嶋栄子さんと西田さんのペアで平行して行われ、雨の日もハーブ園を周回して光を送る仕事をしていました。

また、宿泊を伴う外出をするときには、必ず西田さんにハーブ園をお願いするなど、作業日程の調整が重要な仕事でした。

僕と衣子は最初この仕事の情報がきたときに、二人の自由な時間がとれなくなることで、コミュニティのメンバーに不満をもらしたことがありました。

僕と衣子がセンター棟の居間で沖さんたちに、

「これじゃ、二人で旅行も行けやしないよ。これから、北海道は一番いい季節なのに」

とブツブツ言っていたら、そのあと、沖さんが、

「この活動では、追い詰められたときに自分ではいままで見い出せなかった底力が出るはずなんだよね。だから、とにかく逃げないで向き合ったほうがいい……」

と勇気を振るって僕たちに真実を伝えてくれたのです。

それを聞いたときは、沖さんの言葉に怒りを感じたのですが、その後、衣子と西田さんとでハーブ園のレイアウトを作ったり、僕も一緒に伊達市にある花屋さんまで、苗を購入するために出かけたり、忙しい毎日が過ぎていきました。

そして、ハーブがどんどん大きく育っていくのを僕も横目で眺めながら、衣子が雨の日も風の日もハーブと接している姿を見て、沖さんのいったことが真実だったことを実感してい

きました。

ハーブ園造りは衣子も一度はしてみたかった仕事だったようです。

でも、かりに情報が……、

「自分の好きなように、好きなときに、好きな人と共同でハーブ園を造ってください」

というものだったら、衣子も自分の新たな力をあまり生み出さなかったと思います。

情報では、

「毎日、衣子さんか西田さんのどちらかが、最低一時間はハーブと接してください」

というものでしたから、極端な行動をとれば、西田さんにぜんぶ委ねて、この仕事を断ることもできたのです。

ですから、この仕事をこなすことで、衣子に「仕事のパートナーへの思いやりを育てながら、自分の喜びを実現する」という英知が養われたように思いました。

西田さんは、キリパとアナカ・ヤーラの二つのハーブ園を見なければいけない。衣子はこの頃、妊娠初期で無理はできない。このような状況で二人が頻繁に電話で連絡しながら、作業日程を決めていました。

西田さんが衣子の身体を気遣って、

「今日は天気がとてもわるいから、私がやるから衣ちゃんは休んでて……」

逆に衣子のほうは、西田さんが宮古島でのセミナーのスタッフとしてしばらくコミュニティを離れるときは、ハーブ園を受け持つ……。

このように西田さんは衣子の身体のことをつねに気遣ってくれましたし、衣子も西田さんの思いやりに甘えないようにしようとしていました。

こうして二人のお互いを思いやる交流はとてもさわやかでした。

お互いの立場を尊重しながら、全体のための仕事をしている衣子を見ていて、その姿がとても美しく、またとてもいとおしく思えたのでした。僕もハーブ園の仕事を間接的に手伝って、全体的な仕事のお手伝いができてうれしく思いました。

いま、このハーブ園は二年目を迎え、大きく成長したハーブは株分けされて、コミュニティのメンバーそれぞれの自宅に嫁いだり、コミュニティの光の入ったハーブティーとして、コミュニティ外に届けられたりするなど、有効に活用されています。

このように多少忍耐を要求されるように見えるさまざまなエネルギーワークは、自分たちが自分たちに課した喜びの創造であることが、あとになってわかるのでした。

自分の真の喜びって、ついつい自分のエゴを満たすことだと思いがちでしたが、このようなエネルギーワークをいくつも体験しているうちに、自分の気づいていない力を発見することだということが少しずつわかってきました。

このようにコミュニティで行うワークのすべては、遊びの側面と新たな自分の力を見い出す喜びの側面があります。自分がこれまでに使ったことのない英知を見い出すときは、最初はちょっとしんどかったのです。でもそれを乗り越えたら、新たな発見があり、喜びに変わりました。


つまりチャネリングで受けとる情報は、あくまでも自分が自分に伝えたい情報を、ある他次元の存在が自分に代わって語ってくれただけだったのです。

これが理解できないと、チャネリングで伝えられる情報に振り回されたり、苦痛に思ったり、ときには隷属してしまうことになります。

言葉を変えていうと、自分の表面意識では捉えられなかった真実の喜びを伝えてくれるのがチャネリング情報であり、表面意識ですべて自分の真実の喜びが捉えられたなら、その人は常時チャネリング状態だといえます。

これは私たちがコミュニティで目指している理想的な状態です。

そして現在、コミュニティで行っているエネルギーワークの大きなものは、ミュージカルです。これまでのように、コミュニティ内だけのワークとは異なり、外部の方との交流も可能となりますので、みなさんとミュージカルを通じて交流できるときが楽しみです。

植物さんとの交流

瀬木　衣子

もうこちらに来て三年近く経ちます。

ラニャとの出会い、務《つとむ》ちゃんとの出会いは自分で起こした奇跡だったと思います。

もう六年くらい前になりますが、自分はこのままでいいんだろうか、本当にやりたいことって何だろう——心も身体もきつくなっていた私は、会社を辞めることを決意し、親元を離れて一人暮らしを始めました。じっくり自分を感じてみたかったのです。そして、これから自分はどんなふうに生きていこうか答えを探していました。その翌年、ラニャ主催の「時の言葉のセミナー」を受講しはじめました。

「コミュニティ創造」という情報がきてからは、そのスケールの大きさに、まるで夢のような話だと思いながら、なぜかこれに賭けてみたい自分がいました。強烈に惹かれるものがあったのです。

貯金もないし、同じ年頃の仲間となかなか出会えなくて心細かったけれど、できることからやってみようと、沖さんや佐藤美佐子さんに電話をしたり、ミーティングに出たり積極的に行動しました。

自分なりに一生懸命、さまざまな情報や次々と出会うメンバーに対して心を開いていきました。そうして楽しんでいるうちに、いつしか宇宙の流れに乗ったような気がします。

ハーブ園でのエネルギー創りでは、もう十年以上前になりますが、初めてハーブと呼ばれる植物を知ったとき魅せられて、貸し農園を借りて育ててみたいと思っていた夢が実現しました。

一九九八年七月一日、センター棟に本池さんからファックスが届き、いつものようにその場にいた住人で読んでいました。

「へー、コミュニティ内にハーブ園を造ってくださいだって。もう、担当者が決まってるよ」

先を読むとキリパの担当は私で、アナカは中嶋栄子さん、そして、両方に関わる方が西田智雅子さんとなっているではありませんか。

「衣ちゃんのお仕事だね、これ」

「………」

あまりに突然のことで、単純にうれしいって気持ちより、いったい何で？　どんなことするの？　っていう困惑した気持ちのほうが心を占めていました。

その後、間もなくして本池さんから電話がありました。

「衣ちゃん、ファックス見てくれた？　今日からでもすぐに始めてほしいの。草を抜くとか、土に触るとかね、そんなんでいいから。もう、衣ちゃんの身体にグリーンの光が入ってるの。西田さんと相談しながら進めていってね」

「はい、わかりました」

電話を聞いて、少しほっとして、これからこのお仕事をするんだっていう実感がじわじわと湧いてきました。

はて、グリーンの光？　植物を育てるのが上手な人を、その手をさして〝緑の指をもった人〟と例えるのを聞いたことがありますが、私はそれほど上手じゃないしなあ。

でも、十年以上前に買ったハーブに関する本は、大事にとってありました。こっちに持ってきてよかった。

この光の仕事の目的は、「No・2051の宇宙へリリッセ、ミッシーリの植物の遺伝子を運ぶ」というものです。

そのために作業をする三人の身体に遺伝子が入り、それが、ハーブ園の植物に宿り、植物として成長していくと、No・2051の宇宙へ運び込まれる――というものでした。

グリーンの光が入っているとは、つまり、もう身体の準備が三人ともできているということでした。仕事をするに当たって預かった大切な光。

この仕事について伝えられている情報は、当初は七月から十月末までが実施期間。ハーブ園の大きさは長方形がよい。植物の種類は自由ですが、背の高いもの、背の低いもの、両方が混ざるようにする。リリッセ側にある植物の遺伝子はキリパで育った植物から、そしてミッシーリ側はアナカ・ヤーラで育った植物から運ばれる。コミュニティの両方ともに、造りはじめたら必ず担当の誰かが、毎日最低一時間ハーブ園の手入れをする。担当者以外はハーブ園に関してはノータッチ、とありました。

さっそく、西田さんからも電話がありました。西田さんとはチャネリングのセミナーで知り合い、私にラニャの世界を紹介してくださった方。

宮古島でハーブ園を造った経験があり、植物の香りについても大変くわしい方です。

「衣ちゃん、今日からハーブ園のお仕事、一緒によろしくね。私はとってもうれしいの。衣ちゃんともできるしね」

「ありがとう。私もうれしい」

「もう、種から育てている時間がないから、苗をたくさん買ってきて植えましょうね。今日は植える場所を決めてしまいましょう」

西田さんの心強く暖かい声が私の心に余韻を残して間もなく、西田さんがキリパにやってきて、最初に場所決めをしました。

ハーブ園はセンター棟ホール側に近い羊蹄山のよく見える位置にしました。ちょうど、メンバーの住宅を建築中のK建設の大工さんから巻尺をお借りし、四・五メートル×一〇メートルのできるだけ正長方形になるよう、計り方を教えていただきながら、四つ角に支柱を立てました。ここがぜんぶハーブで植えつくされるのかと思うとワクワクしてきました。

ハーブの本を見ながらレイアウトや植えたいものについて話し合い、園芸店を電話帳で調べ、買い出しに行きました。

いよいよ植え付けです。長方形のハーブ園は、十字に畝《うね》を作り、真ん中に小さく円を作りました。羊蹄山側のほうに背の高いフェンネル、マロウ、センター棟の玄関側に背の低い丸い葉のナスタチウム、マリーゴールドなどを植え、西田さんと相談しながら真ん中にこんもりと育つようにバジルを植えました。植えるときは、それぞれの植物さんに心の中で、「よろしくね」とつぶやきました。タイム、ラベンダーなどを畝の側に、そして、外側にひまわりの種を散りばめるように西田さんとまきました。

夢中になって植え付けたあと、賑やかになったハーブ園を見て、私は満たされた気持ちになったけれど、植物さんたちはここに来てどんな気持ちがしたのかしら。仲間がいっぱいで嬉しいね。一緒にここで楽しいときを過ごしながら大きくなってね。

ハーブは地中海原産のものが多く、乾燥に強く、痩せ地でも育つ植物です。最初ある程度の肥料を施し、植え付けたら、それほど手をかけなくても成長していきます。

ですから、急いで苗を植え付けたあとは、毎日毎日一時間も手入れするには、時間をもてあましてしまうことがよくあったので、作業は交替制をとり、毎日西田さんと私のどちらか一人が担当することになりました。西田さんも毎日キリパとアナカのかけもちでは大変です。

アナカ・ヤーラの中嶋さんが、

「水をやったり、草を抜いたりは、毎日しなくてもいいことだからねえ。時間がくるまでハーブ園の周りをぐるぐるまわって、植物さんに話しかけてるんだけど、工事の方が何やってるんだって、奇異な目で見てるような気がしてねえ」

と笑いながらおっしゃっていました。

当時、アナカ・ヤーラは住人の家の建築ラッシュで、数社の建設会社が工事をしている時期でした。

中嶋さんや西田さんは、ハーブ園で作業してしばらくすると、身体からスーっとなにかエネルギーが引くのを感じて、「もう今日のお仕事は終わりかなあ」と思うと、ちょうど作業時間の一時間が実際経っていたというのを体験されたそうです。

一方キリパでは、私は人目を気にするようなこともなく、ぐるぐるとハーブ園をまわり、私なりに植物さんに話しかけました。ハーブ園に着くと、植物さんたちが喜んで迎えてくれているような気がすることもありました。

「今日はいい天気だから、お日さまいっぱい浴びてね」

「大きくなったね、いい香りだね」

「一緒にもっと楽しい世界に行こうね」

心の中で対話しているうちに、静かで優しい時間が過ぎていきました。

毎日交流しているうちに私は、「ハーブ園の植物さんたちは、リリッセ、ミッシーリのすべての植物さんの〝思い〟みたいなものを代表して、ここに持ち合わせているんだ」って気がしていました。植物さんにももちろん、私たち人間と同じようにハートがあり、進化したい、もっともっと楽しみたいという思いがあるのではないでしょうか。私には、植物さんのメッセージはキャッチできないけれど、いつかもっとお話ができるときがくるだろう、人間と自然界がもっと近く感じられるときかくるだろう、植物さんたちもそれを願っているんじゃないかと思います。

ハーブは夏の日差しを浴びてどんどん成長しました。繊細な葉をしたフェンネルは背丈が伸びて凛《りん》とした姿になり、ドレッシングに入れておいしいサラダを作りました。ボリジは青いきれいな花を咲かせ、氷やゼリーに入れて楽しみました。ミント類はお茶に、バジルはペーストにと、住人がフルに活用し、植物さんたちから食の恵みをいっぱいいただきました。

カモミールやヤロウの花は、テーブルに飾りました。空間が清澄になった感じです。

自分たちが育てたといってはおこがましいのですが、お仕事のパートナーとしておつきあいのある植物さんを味わえるのはとても豊かでぜいたくな気持ちがしました。収穫するというのは、お互いを祝福し合うような感じがします。

西田さんや中嶋さんはハーブの最盛期に収穫し、乾燥させて、ティーバッグのお茶を作っていました。月日が経ってもきれいな色が残っていました。

キリパを訪れた方にフレッシュなハーブティーをお出ししたところ、

「このハーブティーは濃い味がしますね」

と、言われたことがありました。これは、お茶が出すぎたというのではなく、ハーブの精油分が濃いということなのです。とってもいい香り!

ハーブ園の作業をする際は、センター棟の住人やメンバーに必ず声をかけました。なぜかというと、その間、ハーブ園の担当者以外のメンバーが敷地内の他の花壇や畑の作業をすると、エネルギーが混乱してしまうおそれがあるので、作業する時間が重ならないように配慮する必要があったのです。

最初は、大の植物好きの佐藤美佐子さんをはじめ、他の方に申しわけないような気がしていましたが、声をかけるとみんなが必ず、

「いってらっしゃい、ごくろうさま」

と言ってくれるので、みんなから暖かく見守られているような気持ちになり、とても嬉しかったです。当時は共同生活をしていたこともあり、家族的な雰囲気の中でこのお仕事をやり遂げることができました。

私は九月には妊娠したことがわかりましたが、ハーブ園の普段の作業が困難になったということはなく、雨風の強い日や、鉢上げの頃には西田さんが作業を引き受けてくださいました。

ハーブ園の作業は同年の十一月二十日で終了しました。西田さんが中心となって鉢上げしたハーブは、センター棟や、各メンバーの家に、アナカ・ヤーラにも同様に配られ、しばらくの間私たちを和ませてくれました。いまも元気でいる植物さんもいます。

私と植物さんの光の仕事を通じての交流も一段落しました。

センター棟が当時たくさんの住人や来客で活気があった頃でも、私はこの仕事を行うときは一人静かな時間を持つことができました。

涼しく、時には冷たい風の中で植物さんの静寂さと優しいエネルギーに心休まり、自分の中心に入っていくことができました。

私がキリパでの植物さんとの交流でいちばん印象に残っているのは、九月を過ぎて遅く咲いたひまわりが、時期がきてその種がほぼ完熟したのを見たときのことです。それは今年初めての雪が降ったあとでした。

ひまわりは種の中に、ひまわり自身が成長するのに必要なものすべてを持ち合わせていました。成長する過程においては、土や日光や水など自然界の働きがありました。そして今回こうした宇宙全体の意図で、西田さんや私の出会いもありました。

私は涙が出そうになりました。これが「本望」なんだって思ったのです――関わり合ったお互いにとっての望みだと。

「よかったね、よかったね」

私もこの仕事ができてよかった。ひまわりだけでなく私の中でも何かが熟したようでした。一緒に光が溶け合えたようなしみじみと嬉しい体験でした。

初めてのセミナー施行

これまでセミナーは受講するばかりでしたが、コミュニティに住みはじめた年の六月に本池さんから、

「瀬木さんと衣ちゃんで行うセミナーがあります。情報をとってください」

と言われました。

ティーチャーコース・セミナーを受講すると、セミナーができるようになるとは聞いていました。でも、ティーチャーコース・セミナーを受講したからといって、セミナーは誰でも、いつでも、どこでも施行できるものではありませんでした。

コミュニティは「アヤナレーニ」という新しい宇宙グループを創造するために必要な現実を起こす場で、コミュニティのメンバーにその英知が分担されているそうです。

その中には、その人が自らの体験によって引き出せた英知が、アヤナレーニ創造に向けて必要な英知であったときに、他次元の存在から、その英知をセミナーによって広めてくださいという情報が伝えられることもあります。

僕にとって、コミュニティの仕事で生計を立てることが夢だったこともあり、「セミナーがあります」と聞いたときは、「いよいよ夢が実現するんだ」と喜びました。

さらに、このセミナーは、衣子と夫婦一緒に施行できるということでしたから、なおさらうれしかったのです。そして、二人でチャネリングしながら、セミナー内容、施行手順、実施期間、セミナー費用などの情報をとりました。

そして七月末にセンター棟で初めて実施できたのです。

最初に行ったセミナーは「新しい人間関係のセミナー」でした。

このセミナーの主旨は、「これまでの人間関係は親子、夫婦、恋人など特定の囲いの中で、愛を与え合う関係性を築いてきましたが、これからはその囲いに囚《とら》われず、もっと大きな視点で愛を与え合うことが大切になります」というものでした。

私たちが日頃大切だと感じている、家族、恋人などは、ともすれば、お互いを拡大し合うよりも、お互いを不自由にしてしまうことが多々あります。例えば……、

「ホントは私は、外で仕事をしたいんだけど、主人が反対するのよ」

「僕は東京で仕事をしたいんだけど、両親に地元で働いてほしいといわれているから行けないんだ」

「私を愛しているなら、他の人と親しく話すのはやめて……」

これまでの私たちは、大切だと思う人ほど、自分の囲いに閉じ込め、相手を留めたり、自由にさせなかったり、それぞれの自立を阻害することがありました。

でも、これからはその囲いを取り除き、それぞれがもっと自由に行動し、もっと大きな愛を表現するときなのです。

このセミナーは、これまで各自が持っていた囲いのエネルギーを解放し、新しい人間関係のエネルギーをみんなに受けとっていただくものでした。

私たちの場合、僕が母親との囲いをコミュニティに来ることによって解消したことや、新婚にもかかわらずセンター棟での共同生活を最初に体験したことが、これからの人間関係に必要な英知を引き出すきっかけとなり、このセミナーが施行できたのではないかと思っています。

このセミナーでは果物を食べるという作業がありましたから、果物やまな板、果物ナイフなどを準備し、けっこう大変でしたが、全国を回りながら行うセミナーは楽しいものでした。

たびたびハプニングもあって、最初はドギマギするのですが、そのハプニングは自分にとって必要なことであるために、そのうち自分で起こしているんだと思えるようになりました。

例えばこんなことがありました。東京で行ったセミナーのときでした。

セミナーを始める直前、僕が翌日予定していた大阪でのセミナーのための宿泊先を関西の友人に紹介してもらおうと、彼の携帯に電話したのです。

「もしもし、瀬木です。明日大阪にセミナーで行くんやけど、安いホテル教えてくれへんか」

「なんや、瀬木かいな。いま、おまえのお母さんとここにいるんやで」

「えっ!?」

友人が僕の母と話しているのが電話口から聞こえます。

「お母さん、これ、瀬木くんからの電話です」

「えっ、務から？……」

この友人、つい最近キリパ村に来てくれたのですが、僕が北海道で元気そうにしていることを母に報告しようと偶然にも、僕の実家（兵庫）に来ていたのです。

僕と衣子は、大阪ではセミナーに集中したいために、実家には帰らないでホテルに宿泊するつもりでしたから、セミナーで大阪に行くことを母には内緒にしていました。しかし、この電話でばれてしまったのです。

電話の直後、僕は東京でのセミナーを開くためにチャネリングを始めようとします。

セミナーは、施行する僕たちだけで行うのではなく、必ず特定の他次元存在と共同で行います。そのために、施行する僕たちがセミナーを始める直前に、チャネリングによって、その他次元存在と十分につながり、彼らと会話しながら協力し合えるようにする必要があるのです。

ところが、うまくつながりません。

「アレーッ、つながらないや。どうしたんだろ？」

この日は、午後から沖さんと神田さんの二人で行うセミナーが同じ会場で予定されていたために、すでに沖さんも神田さんも会場に来ていました。

そこで、僕と衣子はあせりながら、沖さんを呼んで……、

「沖さん、沖さん、ちょっとチャネルしてくれませんか。僕、つながらないんです」

そしてすぐに沖さんにチャネル状態になってもらいました。

僕が質問すると、沖さんにつながっている他次元の存在が「イエス」「ノー」の信号で答えてくれます。

僕「いま、僕がチャネルできません。その原因を教えてください」
沖「イエス」
僕「僕はここに一〇〇パーセントいますか」
沖「ノー」
僕「僕の意識が母の所に行っていますか」
沖「イエス」

これで僕の意識が母の所に飛んでしまっているために、他次元存在が僕の意識と共鳴できないためにチャネリングができないことがわかりました。

つまり、僕が母親のことが気にかかり、セミナーに集中できていない状態だったのです。

僕はすぐに心を落ち着かせて、次の宣言をして自分の意識を取り戻そうとしました。

「私は、ここに帰ってきます。私はここに一〇〇パーセントいます」

しばらくして再びチャネリングしたら、やっと他次元存在とつながることができて、セミナーを施行することができました。これによって、セミナーではいつも落ち着いて自分を失わないようにする必要があることを知りました。

また、岐阜でのセミナーでこんなこともありました。

奥様がコミュニティの活動に協力的で、ご主人はコミュニティにはほとんど関心がなかったのですが、それでも奥様の勧めもあって、僕たちのセミナーにご夫婦で参加されたのです。

セミナーでは最初のレクチャーが終わり、次に、僕たちがチャネリングで受けとった方法で、受講者の方に配った果物を細かく切っていただく作業があるのですが、このあたりからそのご主人は、「いったい何のためにこんなことをするのか」ととても思われたのでしょう、終始腕組みをしながら怪訝《けげん》な表情をされはじめたのでした。

果物を切るなんて、無意味な動作のように思われるかもしれませんが、他次元存在の伝える情報通りに切ることで、果物のもつ光（栄養素）を増すとともに、他次元存在が果物に特殊なエネルギーを注いでくれるのですが、それが果物に吸収しやすくなるのです。

そして、エネルギーの入った果物を食べていただいたあとに、最後に声を出してみんなで宣言するのです。

「私たちは、これまで身につけてきた囲いのエネルギーを宇宙の純粋なエネルギーに返し、新しい人間関係のエネルギーを受けとることを意図します」

このとき、ご主人の口がほとんど動いていないのがわかりました。

最後に受講者の方が必要なエネルギーを受けとっていただけたか、一人ずつ僕たちがチャネリングによってチェックするのですが、このときに、ご夫婦とも「ＯＫ」が出ないのでした。

これには僕たちも困りましたが、奥様はともかく、ご主人がＯＫが出ないのはおおよその察しがついていたので、僕はすぐに衣子につながっている他次元存在に確認しました。

僕「〇〇〇〇さんは、表面意識でこのセミナーでのエネルギーを受けとることを拒否されていますか」

衣子「イエス」

僕「やっぱり……」

このやりとりのあとに僕はご主人に説明したのです。

「エネルギーを受けとることを拒否されているためにエネルギーが入らないのです。せっかく高いお金を払って参加していただいてますし、貴重なエネルギーですから本当は受けとってはいただきたいのですが、無理に受講されることもありません。そのときは受講料を返金させていただきますが、どうされますか」

それに対して、ご主人は、

「退席していいのでしたら、そのようにしたいのですが……」

「わかりました。どうぞ……」

ということで、ご主人もホッとした表情で退席されたのですが、その奥様もご主人のことが気が気でなかったらしく、意識がご主人のほうに完全に飛んでしまっていたようでした。

そして、ご主人が退席されたあと奥様には、ご自分の意識を取り戻していただくために、

「私は、ここに帰ることを意図します。ここに一〇〇パーセントいます」

さらに、

「私は、これまで身につけてきた囲いのエネルギーを宇宙の純粋なエネルギーに返し、新しい人間関係のエネルギーを受けとることを意図します」

と、もう一度奥様だけに宣言していただきました。

これによって、奥様には無事エネルギーを受けとっていただくことができました。

セミナーでは、エネルギーを受けとる方の意識が自分の中にないと、エネルギーが入らないのです。

つまり、ここで送り届けるエネルギーは、その人の意識に変化を及ぼすためのエネルギーだからです。

この体験で、セミナーは受講者の方の同意がないと成立しないことが、はっきりと理解できたのです。

こうして、さまざまなハプニングを体験すると、このハプニングは、何があっても大丈夫という動じない自分たちを形成するために自ら起こしていることがわかってきました。

そのうち次はどんなハプニングがあるのかな、どんな気づきがあるのかなとハプニングを楽しむようになりました。

とはいっても、やっぱりセミナーは順調に施行できるのが一番です。

果物を食べるセミナーと共同生活

瀬下　衣子

一九九八年七月下旬から十一月中旬くらいまで、務ちゃんと「新しい人間関係のエネルギーを受けとるセミナー」を行いました。

ラニャから始まり、現在コミュニティでも行っているセミナーは、例えば一般にいわれるような能力開発や自己実現を目的としたセミナーとは主旨が異なります。すべての存在と分かち合っていく振動数で生きてゆけるような、そんなエネルギーを発信できるようにコミュニティではさまざまなセミナーやミュージカルなどの活動をしています。

このセミナーについていえば、夫婦仲が良くなるとか、理想的な仕事のパートナーと出会うなどが最終目的ではありません。いわゆる個人的な利益を得るためではなく、もっと全体的な意味での調和を実現することを目指しています。

地球上での食物から摂る栄養素は、私たちが生きていくうえで必要な私たちの身体を構成したり、整えたりする大切なものです。ビタミンとかカルシウムとかさまざまなものがありますが、それぞれには個々の宇宙の要素が入っていて、それを食べることにより、さまざまな宇宙にある英知を地球人が受けとり、他の宇宙とのつながりを保てることが可能となります。

このセミナーでは、特に日本で摂りにくい宇宙の要素――つまり、住む地域によっては摂りにくい栄養素があるので、受講者の方があまり馴染みのない、比較的めずらしい果物を食べることによって受けとっていただきました。

それが他次元の存在のサポートにより、愛の英知を使うエネルギーとして変換され、それぞれの方がご自分の愛を拡大し、全体がより調和的に生きていけるような情報発信ができる身体になっていただくものでした。

調和的な人間関係とは、いつも仲良しで、けんかもしないというわけではありません。自分が正直に生きて心を開いている状態、それがお互いの間で成立していることです。

自由なエネルギーの流れの中でお互いが自分の真実を表現できるように、意見が違っても お互いを尊重し合えるように、叩き合うのではなく、お互いを活かし合い拡大し合えるような関係性を創り上げていこうというのがこのセミナーの主旨です。

私たちは当時センター棟で六人の共同生活をしていました。

個室はそれぞれありましたが、台所、居間、トイレ、お風呂を共同で使っていました。

畑を起こしたり、センター棟の維持・管理、外部の方からの問い合わせや訪問の受け入れ、チャネルレッスン、勉強会などなど、実際毎日顔を合わせて話し合って決めることがたくさんありました。

コミュニティ創造ということで出会った私たちですが、初めから顔見知りでも友達だったわけでもありません。住み慣れない土地へやってきたうえに、お互いの生活環境や嗜好性なども違っていましたし、似たもの同士とはほど遠い個性の集まりでしたので、意見が合わないことも多々ありました。次第にお互いに何かしらの感情を抱くようになり、その場に居ない人のことをあれこれいうようになってきました。

私は当時リーダーだった沖さんとは年齢が違うこともありましたが、立場の差をみて、対等ではなく会社の上司のような接し方になってしまい、いつも何となく気をつかっていました。

いつだったか、沖さんがセミナーでキリパを留守にしたとき、残りの五人でチャネルの練習をしたことがあったのですが、そのときは和気あいあいと、とてもくつろげて楽しかったのです。

沖さんに対しては、やはり思ったことがあっても口に出してはいいづらい雰囲気をみんなが感じていたので、いちど沖さんに対してみんなが思っていることを伝えようと時間を設けたことがありました。もちろん、これは沖さんバッシングではなく、お互いが作り出している問題として、解決する方向に向けての話し合いです。

「私は、沖さんのことをどうしても上司のように捉えてしまって遠慮していました。これは私の問題だと思うんだけど、沖さんと二人だけになると、緊張します。他の人にはそういう遠慮もなく気軽に話せるんですが……」

相手に自分が思ったことを正直に伝えるのは勇気がいりました。私などは相手の反応をすぐ気にして、思ったことの半分もいえないことが多いのですが、共同生活を通して調和のエネルギーを創り出すために、このような機会にも恵まれました。そして、沖さんも私のいったことや他のメンバーの感じていることを受け止めてくれました。

「リーダーだからって遠慮しないで何でもいってほしいです。それ以前に私自身が、みんなから私に対してなにかいいにくい雰囲気をかもし出しているのかもしれないね。これは私の問題だなあ」

そして、沖さんは続けて、

「わからないことがあると頼られるエネルギーを感じることがあるんだよね。相談というよりも、それぞれの人が自分はどうしたいのかを伝えてほしいんだよね」

と、リーダーという立場上感じていることをいいました。

確かに私はすぐ沖さんに「どうしましょうか」と聞いて委ねるところがあったので、もっと自分の考えをはっきり伝えていこうと思いました。

コミュニティでのエネルギー創りは他次元にまで影響を及ぼすことがあります。

ある時期、私たちがお互いに思ったことをいわないで繕って交流していると、本池さんたちから不調和なエネルギーをキャッチされたことがありました。私たち一人一人が思っていることをいう場を設け、いい終わったあと、他次元の存在さんも関わり、不調和なエネルギーの洗い流しをサポートしてくれたこともありました。

いうほうもいわれるほうも一時的にはつらいのですが、我慢していると、感情が鬱積《うっせき》してあとを引きます。爆発して相手に怒りをぶつけてしまうと、責めるエネルギーとなり、相手が受け止める余地がありません。

お互いがスッキリした状態で気持ちよく交流するには、思ったことはその場で伝えたほうがよいと体験を通して理解しました。でも一度や二度、こういう話し合いをしたからといって、すぐに何でもいい合えるようになったわけではありません。しかし、お互いがこうして心を開いて調和を創り出していこうという気持ちでいましたから、時間はかかりましたが、お互いを尊重する信頼関係が育っていったのです。

普通の新婚生活をおくることはかないませんでしたが、仲間たちとこのように実生活の中で調和を創り出す体験は、コミュニティに来たからこそできた貴重な体験でした。そして今回のセミナーを施行することにもつながったのだと思います。

私たち夫婦が行ったセミナーも他次元の存在さんとチャネルして行うものであり、担当がそれぞれ決まっていて、その方たちと最初から最後までつながってセミナーを行いました。セミナーでは果物を切るビジョンをチャネルで受けとり、実際に切ることにより他次元の存在さんが果物の栄養素をさらに光を増し、吸収しやすくするサポートをしてくださいます。

そのチャネルの担当が私で、レクチャーの部分はほとんど務ちゃんが担当しました。

チャネリングについては、キャッチの仕方は人それぞれだし、つながる存在さんにもよるみたいです。このセミナーで私は左手に果物、右手にナイフを持ち、サポートしてくださる方とつながりました。私が「こうですか？」と、ある方向にノイフを動かしたときに、エネルギーを感じればイエス、何も感じないときはノーで判断しました。

第一回のセミナーは受講者の方が数名集まった時点で、センター棟の私たちの個室で行いました。

緊張しながらも、受講者の方が顔見知りだったせいもあり、アットホームな雰囲気の中で行うことができたと思ったのですが、終了後、当時セミナー情報の確認を担当してくださっていた元ラニャの渡辺裕子さんを通じて、セミナーがうまくいったかどうかを聞いたところ、

「うーん、果物を切るのどとかは問題なかったようだけど……」

といい、側にいた保坂めぐみさんの顔をうかがっていました。

保坂さんが、

「まだ二人の世界に入っているの。みなさんに向かってお二人がもっと発信体になってないと受講者に受けとっていただけないの」

という答え。

私たち夫婦が囲い合っていると、エネルギーがそこで留まり、受講者の方に向かって十分流れていかないのです。

レクチャーで話す内容をまだ完全に自分たちで理解したとはいえず、これでよかったかなってお互いの顔を見たりして、まだまだ受講者に対して発信できる状態ではなかったのです。

以前本池さんがティーチャーコースの中で、

「これからみなさんが、セミナーを施行されることがあると思いますが、実際やっている人が楽しいことが大事です。受講者の方を創造の喜びの世界へ連れて行ってあげてください」

と言っていたのを思い出しました。

二人の世界から出て、拡大する愛、調和の情報発信体でつねにいる——そして、セミナーを受講していただく方とともにうんと楽しもうと思いました。

二回目のセミナーはコミュニティ内の方に呼びかけたので、十三、四人くらいの方に集まっていただき、センター棟のホールで行いましたが、その後は、各地へ出かけていって開催しました。

他の仕事のスケジュールとも調整し、センター棟の管理は他のメンバーにお任せしました。

セミナーで用いる果物は予約人数より少し多めに現地で調達するのですが、地理がわからないため、岐阜、鹿児島などではコーディネートしていただいた方にスーパーなどを案内していただき、果物の品揃えを確認してから、人目を避けて務ちゃんと二人でチャネルしました。

お店では受講者の数が足りる果物から選ぶのですが、大都市では珍しい果物が豊富に揃っていたせいか、これまではだいたいアボガドを選んでいたのに、このときばかりは他次元の方も、パッションフルーツやキワノなどにイエスを送ってきました。このセミナーをサポートしてくださった存在さんも、果物を選ぶのを楽しんでいたかのようでした。

セミナーでは、先ほどのようなコミュニティでの生活の話もさせていただくことがありました。

「何をいっても大丈夫だよ」っていう人間関係を家族や身近な仲間から実現し、それが自然界や他次元の存在さんにまで広がりつながっていく、共に喜びを創造し合う――そんな世界を目指しているのがコミュニティです。

もし、初めから共同生活をせずに、夫婦二人だけで住んでいたら、他のメンバーとはうわべだけの付き合いになり、お互いに調和を創り出そうとする力もあまり見い出せなかったと思います。

そんな話を受講者のみなさんに聞いていただいたあと、果物を切る作業では、果物にナイフでお絵描きをするような雰囲気でみなさんに楽しんでいただきました。

その後、受講者の方に、いままでの「お互いを囲ってしまう人間関係」の枠をはずす宣言をしていただくのですが、ご家族やご夫婦揃っていらした方々の中には、うまくいかない方もいらっしゃいました。

これは、お互いを意識してしまうのと、これから迎える変化に少し躊躇していらっしゃるように見受けられたので、私は、

「慣れ親しんでいる方との枠をはずすのって、寂しい感じがするかもしれませんが、べつにこれで別れてしまうわけじゃないので、安心してください。お互いがもっと自立して豊かで居心地のよい関係になるようにエネルギーを変換するだけですよ」

と、お話して、枠のエネルギーを変換し、お互いを拡大し合う新しい関係を創り出すエネルギーを受けとっていただきました。

セミナーは自分が体験したことをみなさんにお伝えできる場であるとともに、私自身とても勉強になりました。

みなさんも機会がありましたら、ぜひ一度コミュニティで行っているセミナーを受講してみてくださいね。そうして、みなさんが真実の方向へ向かいやすくなる働きかけができたらいいなと思っています。

『ユニティリンク』（コミュニティ発の情報誌）

コミュニティができるまで、有志によって旧ラニャの活動を広める目的で発行された『紫のバラ』という情報誌がありました。

そして、コミュニティができてからは、その情報誌をコミュニティで引継ぐことになり、みんなで相談して、新しく『ユニティリンク』という名前を付けました。

「ユニティ」は英語で「統合」という意味で、「リンク」は「つなぐ」とか「環」という意味です。つまり、これから分離から統合に向かう流れに当たり、統合へ向けての環をつないでいこう、という意味を込めてこの名前にしたのです。

そして、当時キリパの事務局を担当していた僕と、アナカ・ヤーラからは岡部陽子さんが『ユニティリンク』の編集担当に決まり、発行を受けもつことになりました。

それからというもの、約一年半にわたり僕は、毎号『ユニティリンク』の冒頭文を担当し、コミュニティの最新状況、チャネリング情報などを紹介してきました。

僕はこの『ユニティリンク』の編集を通して文書を書くことで、自分の内面を見てきた側

面があります。例えば、初めて『ユニティリンク』の原稿の下書きを書いたとき、表現の中にチャネリングで受けとった情報を、

「高次元の存在から……される。……してくれる」

というような受身の表現が多かったのです。

自分は創造主であることを表面意識では理解していても、それが本当に身についているかどうかを文書が見せてくれたのです。

また、自分がコミュニティ活動に早く参加したことで、これから参加しようとする方に対して、対等とはほど遠い偉そうな表現をしていることもありました。

例えば……、

「アセンションＵＦＯ内では、みなさん自分を見つめる心構えをしてください」

ここでは、自分もその一人なのに、すでに自分自身は自分を見つめているんだ、その心構えは自分にはできているんだ……というような、思い上がった意識が文書に表れています。

こうして『ユニティリンク』の冒頭文を担当させてもらえたことは、自分の成長のためにも有意義な体験でした。そして、そこで引き出せた英知によって、この本が書けたことはいうまでもありません。

また、チャネリングで受けとった新鮮な情報を、自分の言葉に置き換えてわかりやすく解説することで、情報を納得のいくまで理解しようとしましたし、自分自身の頭の整理にもなりました。

そして、これによってセミナーや講演会などで、チャネリング情報を他の人に説明できる力にもなったと思います。

『ユニティィリンク』はその後、編集を石川直子さんと古城佐知子さんにバトンタッチし、カラー表紙の小冊子にレベルアップしました。しかし、その後も僕はしばらくは冒頭文を継続担当させてもらっていました。

ここで、『ユニティィリンク』の概要をご紹介します。

一つはアヤナレーニ創造に関わる、全体的な流れの最新情報で、これは、おもに本池さんと保坂さんがチャネリングによって受けとった情報です。

刻々と変化するこの宇宙グループやアセンションＵＦＯ内の最新状況などを知りながら、読む人全員が創造する者としての自分自身の大きな愛の視点を、これによって感じとっていただきたいと思います。

そして、もう一つの柱が、私たちコミュニティメンバーの交流の中で、みなさんにもお伝えしたいエピソードです。

この章のような、コミュニティ内外でのさまざまな存在との交流によって生まれた、喜びあふれる体験談を、それぞれのメンバーが投稿しまとめたものです。

そして、この部分が私たちコミュニティのメンバーが、もっともみなさんにお伝えしたい内容であり、もっとも多く紙面を割いています。

そのほかに、コミュニティ内でのさまざまな活動状況や報告、セミナー、講演会の案内やコミュニティで作られた野菜や各種商品の紹介などなどです。

写真もたくさん添付していますし、これ一冊あればコミュニティの最新状況が把握できるように編集されています。現在は年四回発行の季刊誌です。

たくさんの方が購読してくださると大変うれしいです。

講演会を通してふくらんだ僕の愛

これまで僕は四回ほど講演会を行ってきました。初めて行ったのはコミュニティに住みはじめた一九九八年七月、洞爺村総合センターで沖さんと二人で行いました。

この講演会は、私たちの活動を、まず地元の人に少しでも理解していただくことが目的でした。というのも、人口がわずか二千人ほどの村に短期間に数十名の人間が来たわけですから、それだけでも村の人たちが驚かれることなのに、そのうえ、わざわざ雪の多い高台に大きな土地を購入してセンター棟を建設したものですから、悪質な宗教団体ではないかとの噂も出て、少し警戒されていた様子だったからです。

このとき沖さんとは話す順番だけを決め、お互い何を話すか細かな打ち合わせもしないまま、ぶっつけ本番で臨みました。

当日の講演会では、私たちを好意的に迎えてくださったキリパやアナカ・ヤーラの近くに住んでおられる農家の方や、洞爺村の周辺からも十名ほどの方が来られ、コミュニティのメンバーや本池さん、保坂さんなどを含め五十名ほどの参加者がありました。

まず沖さんからスタートです。

初めに、この土地にコミュニティを創った経緯を話し、それから精霊と対話している人を描いた本の紹介をし、私たちが自然界の精霊など、他次元の存在と対話（チャネリング）しながら調和に満ちたコミュニティを目指していることを話しました。

そのあと、僕にバトンタッチし、僕は自分がコミュニティ建設に関わった経緯を話したあと、チャネリングというものがどんなものかわかりやすく説明しました。

「小学校の理科の実験で、音叉《おんさ》というのをご存知でしょうか。U字型をしている金属の棒で、同じ周波数の音叉が近くにあれば、一方を叩いて響かせると、もう一方の音叉が叩きもしないのに響きだすのです」

ホワイトボードにその絵を描きながら説明しました。

「これを共鳴現象といいまして、テレビやラジオも同じ原理でできています。私たちが行っているチャネリングというのも、同じ共鳴現象で、ここでは意識を共鳴させます。ですから、チャネリングって自分がどんな意識を発信させるかが大切なんです。

愛に満ちた周波数を発信すれば、愛に満ちた存在がやってくるし、エゴの意識でチャネリングするとエゴの強い存在とつながってしまうのです……」

そして、チャネリングの説明をざっと終えたあとに思い切って……、

「これからお話することは、おとぎ話だと思っていただいてもかまいません。私たちがチ

ャネリングによって、ゲームマスターという存在から受けとっている情報をお伝えします」と前置きして、宇宙の構造から地球の役割、地球人の役割、そしてコミュニティの目的を話したのでした。

最初は地元のみなさんの表情を窺《うかが》いながら、緊張して話しはじめましたが、みなさんが真剣に聞いてくださっているのがわかってきて、僕もだんだんペースをつかみだしました。ペースをつかむと言葉がスムーズに出てきて、けっこう楽しく話すことができました。沖さんがコミュニティの具体的な話をするための土壌づくりをしてくれて、そのあとに僕が本音の話をするという、不思議なくらい絶妙な展開でした。

こんな話をしてどんな反応があるかな？　と様子を窺っていたのですが、そのとき一人の女性の方から質問がありました。

「ゲームマスターってどういう方ですか？」

すると沖さんが、

「宇宙グループを創造する存在です。喫茶店のマスターではないですよ」

なんて答えたものですから、周囲からドット笑いが出て、とても和やかな雰囲気になりました。

講演会が終わって、沖さんの紹介した本に興味を示された方もありましたし、名刺を差し出して挨拶してくださる方もあり、こうして初めて行った講演会はとても緊張しましたが、私たちが地元の人たちに真実を伝える勇気を持てたということで成功したのでした。

そして、後の三回の講演会は翌年の八月〜十月にかけて、大阪、東京、熊本で行いました。ここでは、洞爺村で行った情報の内容をもっと詳しく伝えるとともに、僕がコミュニティで体験したエピソードを話しました。

会社勤めの頃は、人前で話すことが多かったこともあり、僕にとって講演会は楽しい体験でした。不思議なことに、三回とも同じテーマで、同じ資料を使って、同じレジュメで行ったにもかかわらず、話す内容がそれぞれ微妙に違うのです。

何だかしゃべっているというより、何かによってしゃべらされているという感覚もあって、会場の方々の集合意識を無意識にキャッチして話しているためではないかと思いました。

講演会も文書同様に、また自分を見つめるとてもいい機会でした。自分上に立った偉そうな表現、押し付けの表現など、自分の持っている支配的な部分や、自分を信頼していない部分が出てくるのです。自分を信頼していないと、特に人の反応が気になるということがよくわかりました。

大阪、東京での講演を終えた僕は、その録音テープをコミュニティの何人かに渡しては、「どうだった？　どうだった？」と聞いていたのです。

そのときの僕は、口にこそ出してはいわないまでも明らかに、

「よかったといって！　よかったといって！」

というエネルギーを出していましたから、テープを受けとった人も困った様子でした。

そのうち自分でも、そのようなエネルギーを強く出していることに気づきはじめ、意識的に気持ちを抑えながら……、

「これ、東京での講演会のテープなんだけど、よかったら聞いて」

とさりげなく渡したら、後日、

「この前もらった瀬木さんの講演テープ、感動しちゃった。自分がコミュニティに来ている目的をあらためて確認できたわ。ありがとう」

って言ってくれたので、思わず、

「ホント！　うれしいよ」

と叫んで、その後しばらく自己満足に浸っているのです。

とにかくこの頃の僕は、まだまだ人の反応で一喜一憂している時期でした。

また同じ頃、コミュニティ活動に対して少しでも批判的な意見があれば、僕は過剰に反応

していました。特にこの活動から離れていく人がいると、ひどく落ち込んでいました。

このように、人の反応で自分自身が大きく影響されてしまうのは、コミュニティ活動そのものを信頼していないからであり、結局は自分を信頼していないことの表れでした。

そのことがやっと理解できたのは最後に行った熊本での講演会のときです。

この講演会は、本池さんからも特に、「一九九九年十月二十四日に九州で必ず行ってほしい」という情報が伝えられていました。

具体的な場所と日程まで指定されていたのは、このときだけでしたから何か意味があるんだろうと感じましたが、このとき、僕の脳裏にふと浮かんだことがありました。

それは、最初コミュニティの候補地探しのとき、盛んに九州を訪れたからです。そのときは、九州のメンバーが積極的に地元の調査や人脈の発掘などに協力してくれたのです。ところが、場所が一転して北海道に変更になったものですから、九州のメンバーの多くの方は肩透かしを食らったような絶望感に襲われたと思います。

さらに、キリパ村の土地が北海道に決まったあとに、三つ目のコミュニティ建設の情報が伝えられました。このときも九州のメンバーによって、九州地区のあちこちで土地を探していたのですが、翌年（一九九八年）の四月六日についに時間切れとなって実現できなかったのです。

そのため一部を除いて、九州の方々がこの活動から次々と遠のいていかれるのを目の当たりにして、とても残念に感じていました。

このような事情があったものですから、九州での講演会の情報を受けとったときは、僕が九州の方々をコミュニティ活動に復帰させる役割があるのではないか、という思い上がった気持ちがフツフツと湧き出てきたのでした。

そして、九州の講演会が近づいた頃、講演会への参加を呼びかけようとして、九州の方々に、講演会の案内に同封する手紙を作成したのです。

そして、発送前に九州出身のコミュニティのメンバーと本池さんに、内容の確認をとろうと、その原案をＦＡＸしたのです。そのときの僕が手紙に込めたエネルギーは、

「当初コミュニティ活動に積極的だった九州の方々が、この活動から遠のくことを残念に思っていました。でも、深い意識では、みなさんコミュニティ活動を行うことを決めているのに、表面意識が避けていている方はだんだん苦しくなっていきます。はやく本来の方向に軌道修正していただく意味でも、この講演会にお越しください」

といったような威圧的なものでした。

すると、鹿児島出身でアナカ・ヤーラの住人である安栖《やすずみ》さんからすぐに電話があり、

「瀬木さん、この手紙じゃ九州の人きっと来ないよ。瀬木さんらしくない文書だよ」

という指摘。

「だけど、これくらい書かないとわかってもらえないんではないかと思って……」

最初僕は、自分の正当性を主張しようとしたのですが、安栖さんの話を聞いているうちに少し威圧的な内容だったことに気づきはじめたのです。

「これ、僕の真実を書いたつもりなんだけど……確かに、少しキツイかもしれないけど……」

自分の中に迷いが生じ、多少動揺していたその直後、今度は本池さんからの電話、「瀬木さん、大丈夫？　ＦＡＸしてくださったのを読んで、なんだか瀬木さんの愛と感謝の気持ちが擦り切れているのを感じたの」

この電話で僕はハッとしました。そして、自分を取り戻しながら、もう一度パソコンに向かい手紙を書きはじめると、今度は涙が溢れて止まらなくなりました。

パソコンを打ちながら、いま、コミュニティがあるのも、九州のメンバーの暖かい支援のお陰であることを忘れていたのです。溢れる涙を流しながら、

「ありがとう！　九州の方々。ごめんなさい。感謝の気持ちを忘れてしまって！」

と叫んでいました。

こうして書き直した手紙を発送し熊本で行った講演会は、北は福岡から、南は鹿児島まで約三十名の方々が駆けつけてくださり、僕にとってとても充実したものになりました。

また、九州事務局の開設のために、宮崎に戻っていた神田さんをはじめ、懐かしいコミュニティのメンバーとのうれしい再会もありました。

この講演会を通して、僕は、私たちが目指すアヤナレーニを山の頂上にたとえるなら、登山道はいくつもあると理解できたのです。つまり、それぞれの人がそれぞれのペースで、それぞれの登山道を進んで行くんだ。そして、いろんな登山道があるから、この創造ゲームは奥が深くて楽しいんだとわかりはじめたのでした。

この活動を理解しない人、遠ざかってしまう人も、それは、その人にとって真実の登山道だから、それはそれとして、ただ眺めながら自分も淡々と自分の真実の道を進めばいいんだと……。

こういった体験を通して、講演会って人のためにやっているつもりが、自分を見つめる絶好の舞台なんだなと感じました。

コミュニティは未来の地球の雛型として、地球人をサポートするといわれてはいるんですが、サポートしているつもりの僕が、じつは応援してくださるみなさんや、受講してくださる方からサポートされているということが、この講演会で実感できました。

結局、お互いがサポートし合っているんだな、だから、みんな対等なんだ。

こうした全国で行った講演会が僕にもたらしてくれた、もう一つの大きな気づきがありました。

それは、僕が講演会を行っていた頃に、沖さんも講演会を行ったことに始まります。

ある日、コミュニティ回覧（コミュニティ内の連絡のため、センター棟の多機能ＦＡＸを使って各メンバーの自宅に一斉送信しています）が流れてきました。

……いま、沖さんが外部で講演会をしていますが、コミュニティ内の私たちはなかなか聞く機会がありません。そこで沖さんにコミュニティ内でもお話していただけないかとお願いしましたら、快く引き受けてくださいました。

みなさんご参加ください。

日時　一九九九年十一月○○日　△△時より

場所　センター棟

これを見て僕は不快な気分になり、衣子に、

「ねえ、これじゃ、まるで客員講師を招くような表現じゃない。とてもコミュニティ内の対等なメンバーとは思えないよ。リーダーだからって沖さんを特別視しているみたいじゃないか。この講演会行きたくないね、僕は」

と話していました。

そして、僕のこの感覚が正しいかどうか確かめたくて、翌日に他のメンバーにこのことを話したのです。

「沖さんの講演会の回覧を見て、変な感じしなかった？」

すると、その人は、

「ぜんぜん変な感じしなかったけど。むしろ、沖さんの講演会が聞けてうれしいと喜んでいたけど」

という反応。当てが外れた僕は動揺しているのです。

そして、今度は沖さん自身があの回覧を見て、どう感じているか知りたくて、本人に直接聞いてみたのです。

「沖さん、あの回覧、変じゃない。沖さんを特別扱いしていない？」

「ああ、確かにあの表現だと、変に感じる人もいるかもしれないって少しは感じたけど。でも、僕は自分の体験をコミュニティの人にも聞いてもらってもいいと思っていたから引き受けたの」

沖さんの堂々とした態度に圧倒されて、僕は返す言葉もなく意気消沈して自宅に戻りました。そして、居間のソファに寝転びながら独り言を呟《つぶや》いていました。

「どうして僕だけ変に感じるのかなあ？　僕も講演会をやっているからかなあ？」

しばらく心を落ち着けて考え込んでいたら……、

「あっそうだ、僕も講演会をやっているのに、僕には声がかからないで、沖さんだけに声がかかったから嫉妬したんだ。わかった嫉妬だよ！」

正直いって僕が沖さんに嫉妬していたのは、コミュニティ回覧を見た瞬間に何となく気づいていたのですが、そのときは嫉妬している自分を認めたくないというプライドがあって、素直になれなかったのです。

そして、ここでようやく自分の素直な気持ちが言葉に出せるようになってきたのですが、心のモヤモヤはまだおさまりません。

「沖さんにこのこと話すよ。沖さんに嫉妬したこと。でないと、このモヤモヤおさまらないもん」

僕の呟きをそばで聞いていた衣子にそういって、すぐにセンター棟に走り、ミュージカルの打ち合わせに出ていた沖さんを呼びました。

「沖さん、わかったよ。僕、沖さんに嫉妬してたんだ。だから、あの回覧に嫌悪感を持ったんだ。いやだね、沖さんと張り合ってしまって……沖さんの体験と僕の体験に差をみてしまっている僕がいるからなんだわ」

これを聞いた沖さんは、明るい表情で、

「瀬木さんよくわかったね。瀬木さんが講演会をやっていて人の反応が気になっていたでしょう。でも、僕たちはそれを気にしないで、ただ、自分の体験を淡々と伝えることが必要なんだよね。人の体験と自分の体験に差をみないでいられると、自分の体験が人にどう思われようと気にならなくなるはずだから、瀬木さんもきっと、自分でその差をみないようになろうとして、この現実を創ったんだと思うよ」

これを聞いて、沖さんに閉ざしていた僕の心が一気に開きはじめ、

「ありがとう。なんか少しわかった気がしたよ。いまはチョット落ち込んでいて、沖さん

の講演会行けるかどうかわからないけど、行く元気が出たら参加するね」
といって晴れやかに自宅に戻りました。
そして後日、僕は気持ちよく沖さんの講演会に出席していました。

自分が得意だと意識している分野ほど、人との差をみて張り合い、優劣を競っている自分がここで見えたのでした。先ほどの登山道ではないのですが、違いはあっても差はなく、差をみているのは自分自身で、そこに優劣の意識や嫉妬心が芽生え、衝突や争いが生まれていることをあらためて自覚できました。そして、もし嫉妬心が生まれたら、嫉妬している人に直接それを打ち明けることが、もっとも早い解決法であることもわかったのでした。
このような人との差をみてしまうパターンを自分自身が手離せているかどうかをみる意味でも、これからも機会があれば講演会を行い、僕にとっての真実の登山道を進んでいきたいと思っています。

キリパとアナカ・ヤーラが融合を始めた日

先にも述べましたが、日本にはキリパ村と花の谷アナカ・ヤーラの二つのコミュニティがあります。この二つのコミュニティは、どちらも北海道の洞爺村にあり、アヤナレーニ創造のためのコミュニティという目的は同じでも、その役割はそれぞれ異なっています。

キリパでは一九九八年二月からセンター棟に人が住みはじめ、アナカ・ヤーラはその年の八月に住宅が完成し住人が居住しはじめました。

そのため、キリパはアナカ・ヤーラより一足早くエネルギー創りがスタートし、そのエネルギーの輝く光を狙って、否定的なETが次から次へとキリパへとやってきました。

否定的なETとは、この宇宙の四次元にいて、地球と地球人を自分たちの所有物というレベルで見ている存在です。そして彼らは、これから私たちが目指す「すべては一つである」という意識の統合とは反対の、それぞれの存在の意識を分離の方向に働きかけようとします。

僕も最初キリパに住みはじめた頃は、頭痛がしたり、身体のあちこちが重苦しくなったり、これは否定的ETが僕の身体に張り付いたときに出る症状だったのですが、これに悩まされる日々が続きました。

当時は、本池さんが洞爺村に住んでいて、キリパ村を否定的ETの関与から守るために、そのつど情報をキャッチしてサポートの電話をくれました。

「いま、美佐ちゃんと藤井さんに否定的ＥＴが付いています。この方、コミュニティの光を自分たちの創造に使えないことを知らなくて、ただ珍しいから欲しくて奪いにきてるの。宇宙連合のセンターさんにサポートしてもらって、このＥＴさんが本来行くべきところへ案内してもらってください。その手順をお伝えしますからメモに取ってください」

また、あるときは、

「いま、沖さんと瀬木さんと衣ちゃんに否定的なＥＴが付いています。このＥＴさん、力があって自分では取り除くことができません。だから他のメンバーの人に対処してもらって取り除いてください。そのやり方をこれからいいますからメモしてください」

でもそのうち、その年の六月中旬、地球がフォトンベルトという光の帯の中央に差しかかり、地球全体が光を増しました。それによって、これまで浮き彫りになっていたために集中的に狙われていた、否定的なＥＴによるキリパへの関与も少なくなりました。

そしてその後、アナカ・ヤーラの敷地内に住宅が次々と建ちはじめ、コミュニティは徐々に賑やかになっていきました。

キリパとアナカ・ヤーラはコミュニティを創りあげる過程は対象的でした。

キリパは全体の施設であるセンター棟の建設から入ったのですが、アナカ・ヤーラはメンバーの個人住宅の建設から入りました。

そのためか、キリパのメンバーである僕は、アナカ・ヤーラのメンバーに何か心の壁を感じていたのです。僕からみたアナカ・ヤーラは、全体よりもまず個人を尊重しているように思えました。でも、アナカ・ヤーラのメンバーからは、キリパというか僕をはじめ、最初にセンター棟に住みはじめたメンバーは、チャネリング情報に隷従して個を尊重しない人たちにみえたようです。

コミュニティに住みはじめてお互いに交流する中で、それぞれ価値観が異なるのは仕方がない。それは、それぞれに個性があっていいんだと思うようにしたのですが、何か吹っ切れないモヤモヤがありました。

その大きな要因は、センター棟建設に資金をつぎ込み、マイホームが建てられなかった自分に比べて、アナカ・ヤーフの人たちが次々とステキな家を建てていくのがとてもうらやましかったことがあります。

時には僕は気持ちの整理がつかなくなって、いつかリーダーである沖さんに、

「センター棟のために貸したお金、返してほしいわ」

なんて、返済が無理なのを承知で噛みついたこともありました。沖さんに個人的に貸しているわけでもないのに、僕のやるせない気持ちをぶつけたのでした。

こうして、キリパとアナカ・ヤーラのルーツの違いに加えて、当時は僕個人の満たされない事情もあって、僕はなかなかアナカ・ヤーラのメンバーには心が開けなかったのです。

そのため僕は、アナカ・ヤーラやあとからコミュニティに来たメンバーに、

「僕はコミュニティにみんなより早く来た先輩だ。センター棟の建設には、とても苦労した。僕はその功労者の一人だ」

言葉に出さないまでも、このようなエネルギーを周囲に振りかざしていたと思います。だから、周囲の人たちも、僕に遠慮して、なかなか本音を話してくれない雰囲気が相当ありました。

このように当時は「対等」とはほど遠い側面もありましたから、

「とにかく、コミュニティの活動を盛んにして、経済エネルギーを呼びよせよう」

と僕が勇んで行動しようとしても、他のメンバーとの足並みが揃わなかったのは当然だったかもしれません。

そして、二つのコミュニティのメンバーの意識の違いが明確になった出来事が一九九八年

の九月にありました。

これは、私たちが体験創造している地球次元には、幾つかのパラレルワールドがあって、それぞれ周波数が異なります。どのパラレルワールドを選択しているかは、私たちの表面意識では認識できません。ここでは地球人を体験している、私たちの本質であるコアの集合意識が、コアの意図した創造を実現しやすくするために、もっとも周波数の高いパラレルワールドを選択して現実創造していました。

しかしこの時期、コミュニティ内の交流が減少してしまったために、いままでとは反対の、もっとも周波数の低いパラレルワールドを選択する結果となりました。

地球の周波数が低くなるということは、地球上で体験創造している私たちにとって、否定的な現実が起こりやすくなるのです。つまり、それぞれの人が内面的に苦しくなり、衝突や争いが起こりやすくなり、そのために、コミュニティで目指している「調和の社会」が実現できなくなるということです。

先にも述べましたが、地球は豊かな愛に満ちた宇宙グループとして産み出す「アヤナレーニの種子」としての役割のために創られた星です。この種子となる星で、「調和の社会」が実現できなくなるということは、この地球がその役割を果たせなくなるということです。

そのために、このままではアヤナレーニができなくなるという情報が伝えられました。

コミュニティのメンバーは、周波数の低いパラレルワールドに変わってから、それぞれが内面的に苦しい状態が続きました。みんな心のバランスがとりづらい状態になっていて、そのために、アナカ・ヤーラの一部の方からは、

「アヤナレーニができようが、できまいが、それは私たちの自由意志だ。ここがチロリン村になってもかまわない」

というような声が聞こえてきたのです。

ここで誤解のないようにいっておきたいのです。私たちが目指しているのは、みんなが調和的に交流する場の実現であって、見かけはチロリン村と変わらないのですが、ただ、その心の中のどこかに「アヤナレーニ」という新しい宇宙グループを創造するという意識をもち、それに向かって意図的に行動する必要があるということです。その意識を私たちコミュニティのメンバーがもつからこそ、同じ意識をもった他次元の存在のサポートが得られるとともに、コミュニティは彼らに守られているはずなのです。

事実このとき、リリッセとミッシーリからアヤナレーニが誕生できないという可能性が出はじめたために、この宇宙グループを創造したゲームマスターたちが、別の新たな宇宙グループを創造して、そこからアヤナレーニを産み出すという情報も伝えられたのでした。

そうなると、このコミュニティはどうなるの？　地球はどうなるの？　本来の役割を失ったコミュニティを、この地球を、そしてこの宇宙グループ自体も、ゲームマスターという存在たちはこのまま存続させておくだろうか。

また、自由意志というのはなんでしょうか。僕がコミュニティ活動を通して思うことは、「これが僕の本来の望みだ」と表面意識で捉える意志とは別に、もっと深い意識が選択している意志があるようです。この深い意識を「コアの意識」と言ったらいいのかもしれません。

例えば、だれも戦争など望んでいないはずなのに、過去の地球で戦争が絶えなかった要因の一つに、地球人のコアの集合意識で「否定的な現実を通して愛のエネルギーを創ろう」と決めていたことがありました。同じように、僕がまるで何かにつき動かされるようにコミュニティ活動に惹かれていったのも、僕のコアの意識が「コミュニティを創ろう」と決めていたからです。

「表面意識」と「コアの意識」、これがつねに一致していればいいのですが、違っているときにどちらを優先させるかは、やっぱり最終的にはその人の表面意識が決定することになります。しかし僕自身これまで、表面意識よりも、チャネリング情報で伝えられた僕のコアの意識に沿って行動したほうが、深い喜びを感じられたのは事実でした。

ですから、このときの「アヤナレーニができようが、できまいがそれは私たちの自由意志だ」という発言は僕には、その人のコアの意識ではないと感じたのです。

たしかにこのときは、みんな内面的にとてもきつい状態のため、自分の本質であるコアの意識をキャッチしづらい状態ではありました。それでも僕たちは、やはりアヤナレーニの誕生を目指して、このコミュニティにやって来たはずなのです……。


僕はこのとき、もう、怒りというか、わだかまりというか、さまざまな感情が湧き上がったのです。でも、そのことを素直にいえる信頼関係はまだありませんでした。

そして、この危機的な状態を元に戻すために本池さんから、

「遊びのエネルギーが必要です。とても楽しめるような気分ではないとは思いますが、それでもここで、思いっきり楽しむエネルギーを生み出すことが、元の周波数の高いパラレルワールドに戻す原動力になります」

ということで、本池さんたちの主催による「遊びのセミナー」がロタ島、宮古島、モルジブ、フィリピンのアプリット島で実施されました。

このときは、僕と衣子もモルジブでのセミナーに参加したのですが、こうした「遊びのセミナー」を世界各地で行うことによって、その年の十一月にパラレルワールドを元に戻すこ

とができたのでした。

しかし、このとき僕の心に焼きついたアナカ・ヤーラのメンバーに対する思いは消えずにくすぶったままでした。そしていつしか、

「アナカ・ヤーラの人たちは、アヤナレーニ、アヤナレーニというと引いてしまうんだ。だから、あんまりいうのはよそう」

と僕は、アナカ・ヤーラのメンバーには、本音のいえない繕《つくろ》った自分で接するようになっていたのでした。


そして、翌年の一九九九年春、僕のわだかまりは爆発することになります。

それは、コミュニティのメンバーの心が一つになる時期がきていたにもかかわらず、分断したままという情報が木池さんから伝えられたときです。このままだと、コミュニティがコミュニティ外との交流のパイプが確立できないということでした。

この頃の本池さんと保坂さんの役割は、コミュニティ内の課題に対してその解決の糸口が見えなくなったり、コミュニティ全体が光の方向からズレて、このままではアヤナレーニへの流れが大きく変わってしまうような危機的なときに、必要な情報を自動的にチャネリングでキャッチして、それをコミュニティに伝えるというものでした。

彼女たちは、長期にわたって行われたティーチャーコース・セミナーが終了し、またコミュニティのメンバーへのさまざまな引継ぎも完了したため、前の年の八月下旬に関東の実家に帰っていましたから、コミュニティで実際にどのようなことが起こっているかは、ほとんど知らないのです。

しかし彼女たちからは、まるでコミュニティの状況をずっと見届けているかのような的確な情報が伝えられ、コミュニティをたびたびサポートしてくれました。

コミュニティが外部の方との交流ができないというのは、コミュニティの本来の役割が果たせないということであり、そして、それはアヤナレーニ創造の流れに黄色の信号が点っていることでもあります。そのために本池さん、保坂さんがチャネリング情報でキャッチし、その情報をコミュニティに伝えてきたのです。

本池さんから、コミュニティのメンバーの心が分断したままであることを伝えられてからというもの、くる日もくる日もコミュニティのメンバー約五十名がセンター棟のホールに集まり、心が一つになるための話し合いを三時間も四時間ももちました。

そこでは、みんながそれぞれコミュニティでの交流で感じたことを話すのです、

「子供が小さくて手がかかるためにコミュニティ活動が十分にできない。子供を犠牲にしてまでコミュニティ活動はできない。このことで悩んでいる」

「コミュニティにやって来て、苦しいことがあって他のメンバーに話しても〝自分で創った現実でしょう〟と突き放されるような態度で応じられることが多く辛かった。ここは愛と調和のコミュニティだから、もっと暖かく受け止めてほしかった」

「コミュニティは自由なパートをうけもつ指揮者のいない交響楽団みたいなものだ」

などなど、コミュニティでの日常の悩みや不満もここでは正直に出すようにし、みんなができるだけ本音を伝えるように心掛けました。

僕も最初のうちはけっこう発言していました。

「子供は親の所有物ではないと思う。みんなで守るものだと思う。子をもつ母親が、もっとコミュニティ活動ができるように、みんなで協力し合うべきだと思う。また、コミュニティ活動と育児を両立させることは、たしかに大変だと思うけど、必ず両立できると思う。それをやろうとすることによって、自分の新しい力を引きだすことになると思う」

また、

「このセンター棟はたくさんの方の協力で造ったために、三次元的には大きな負債を抱えてはいるけど、エネルギー的には光をいっぱい創造できたと思っています。また、センター棟での共同生活は、正直な自分をむき出しにせざるを得ない環境に身を置くことで、調和のエネルギーを最大限に創造でき、貴重な体験でした。真実を与えたら真実が返ってくることを何度も体験できました」

と僕はさまざまな状況を体験することで、何を受けとっているかについて話してみたりしました。

しかし集会を重ねても、なかなか解決の糸口が見つからずに、そのうち自分でも訳がわからなくなり混乱してきたため、沖さん、鈴木さんの両リーダーに全体の流れを委ねて、積極的な発言を控えるようになっていきました。

もう、一週間以上も毎晩集まり、煮え切らない会話が続きました。各自真実が見えなくなっていたようで、全体的にどんどん重い空気が漂っていきました。

この行き詰まった状況をキャッチした本池さんから、

「コミュニティのメンバーそれぞれに、今朝、他次元の存在が六十六人降りてきて重なりました。これは、みなさんの表面意識が、コミュニティと自分にとって本当に大切なことに焦点を合わせることを強化するためです。そして、みなさんが本当のことを語りはじめることをサポートされるそうです」

この情報が伝えられてから、僕の心に以前封じ込めた感情がフツフツと蘇るのを感じていました。でも、その感情を出すのはためらっていました。

そして、ある日の朝、本池さんから、

「瀬木さんにメッセージが伝えられたので連絡します」

という電話があったのです。

そのメッセージは……、

「瀬木さんがリーダーに遠慮しています。でも、リーダーはリーダーとしての役割があり、瀬木さんには、瀬木さんのポジションでの役割があります。瀬木さんとしての役割を果たしてください」

本池さんは、伝えるべきメッセージを伝え終わると、さっさと電話を切ってしまいました。

しかし、僕はすぐに、伝えられたことの本質は理解できました。

そして、その日の夜のセンター棟での集まりの中で、ついに僕は自分の感情を抑えることを止めて、このとき一気に爆発させたのです。

「昨年、アナカ・ヤーラでコミュニティがチロリン村になってもいいという発言があったけど、それ、いまここでケリをつけようよ!……」

ドキドキしながらも、僕は勇気を振り絞って、少し挑戦的な表現で話しはじめたのです。

そして、ここからは自分の中から込み上げてきたものを、一気に吐き出したのです。

「ここは、チロリン村ではない。少なくとも僕はここがチロリン村じゃあ絶対にいやだ。

ここはアヤナレーニ創造のためのコミュニティだ!

それを拒否する人には、僕はコミュニティのメンバーであってもらいたくない。

この前、コミュニティを交響楽団にたとえて話していたけど、コミュニティは各自がそれぞれ自由なパートを受け持つ交響楽団。それには僕も異論はない。

でも、どの曲を演奏するかは同じでありたい。

誰かはアヤナレーニ交響曲を演奏する。他の人はチロリン村協奏曲。これではコミュニティは成り立たない。

僕は、みんなとアヤナレーニという一つの交響曲を奏でたい!」

この発言の直後に、当時アナカ・ヤーラのリーダーである鈴木さんをはじめ、何人かのメ

ンバーが拍手で応えてくれたのです。そして、鈴木さんが、

「瀬木さんは感情を抑えられる人なので、瀬木さんのいいたかったことはわかっていました。僕もいまは以前の僕とは違う。僕もここはアヤナレーニのコミュニティでありたい」

このあと、アナカ・ヤーラの石川直子さんが、

「私もここがチロリン村じゃ、つまらないと思った……」

と賛同してくれたのです。

そして、ここはアヤナレーニ創造のためのコミュニティであることを、みんなで確認できたのです。

僕はこれまで溜め込んでいたものを吐き出せて、すごく楽になったのですが、それ以上に鈴木さんが、僕の真実を優しく受け止めてくれたことがとても嬉しかったのです。

真実を表現すると、真実が返ってくるという現実を、ここでも体験させてもらいました。それと同時に、僕がこれまでずっとアナカ・ヤーラの人たちに抱いていた心の垣根は、このときから急速に低くなっていったのでした。

その翌日、天気もまずまずで暖かかったので、この日は気分を変えて、アナカ・ヤーラのクピリットガーデンにシートを敷いてアウトドア・ミーティングになりました。

僕は昨夜の爆発でスッキリしての参加でしたから、色づいた木々や植物に囲まれたさわやかな場所の雰囲気も手伝って、なおさら気分は晴れ晴れ。

そして、打ち合わせに入ってしばらくして、鈴木さんの携帯電話が鳴りました。鈴木さんが一言二言話して電話を切ると、興奮した表情でみんなに、

「本池さんからでした。コミュニティの分断は解消されたそうです!」

僕が思わず「ヤッター」という歓声をあげると、周りからも拍手が起こりました。

「よかったね、やったね」

みんなの目にはうっすらと涙が光っていました。

そのあと、僕は鈴木さんと抱き合っていました。

いま、コミュニティは四年目を迎えました。現在、コミュニティは、心を一つにした新しい家族のような意識で結ばれています。そのあり方は、チロリン村と何ら変わりはないかもしれません。しかし、何度もいうようですが、ここは、「アヤナレーニ」という新しい宇宙グループを創造するコミュニティです。

では、そのアヤナレーニとはいったいどんな所って聞かれたら、

「すべての存在が繕《つくろ》うことなく真実を表現し、そして、それぞれの価値観を認め合う、真の調和的交流が実現されている所です」

と答えます。

このチロリン村騒動は、僕がアナカ・ヤーラの人に繕った自分で接していたことを解消することと、コミュニティ全体がアヤナレーニ創造に向けて意志統一をはかるために、コミュニティのメンバーがみんなで起こした現実だったと思います。

悠の誕生

「新しい人間関係のセミナー」が始まった一九九八年八月頃、衣子が妊娠しました。

それは、コミュニティに住みはじめた直後、旧ラニャが主催するフィリピンのアプリット島で行われたティーチャーコースセミナーに参加したときのことです。

「早く生んで」と、保坂さんのチャネリングに私たちのベイビーがメッセージを伝えてきたのです。生まれる前にベイビーのメッセージを聞けるなんてステキでしょう。

生まれてくる子供は、情報をとったわけではありませんが、たぶん男の子だろうと予想していました。僕にとっては、三人目の子供ですが、衣子にとっては初めての子供。

衣子はいつか子供を生んだら付けたい名前を決めていました……。
その名前は「はるか」。どちらかというと女の子につけるほうが多い名前だと思うのですが、女の子なら「遥《はるか》」とし、男の子なら「悠《はるか》」とするつもりでいたようです。

この海は遥か彼方まで続いている海

月の力に引き寄せられて満ちてくるように
今そのときがきて
私の内で打ち寄せ息づきはじめたもの

この星で繰り返されてきた物語
宇宙の創造の歴史と
私たちの願いを結んでめばえた胎芽《たいが》
心も身体も大きな波に揺すぶられながら
小さな命が育まれてゆく

すべての祝福のもとに
まだ見ぬあなたとの出会いによって
私の幼い愛も大きく成長しますように

まだ経験したことのない　たくさんの〝不思議〟と
いろんな思いの深さをあなたとともに味わい
それを光の中で分かち合えますように

新しい世界の波打ち際で
一緒に駆け回り　汗だくになって
生きている豊かさと喜びを
モグモグいっぱいホオばりましょう

待ってるね

出産予定日は一九九九年四月二十六日。僕もサラリーマン時代とは異なり、いつも定期検診には倶知安《くっちゃん》町にある病院に同行し、先生の経過報告を聞きました。

病院の待合室には男性はほとんどいなくて、やっぱり少し恥ずかしさもありました。

以前の僕は、男性は外で仕事をするもので、出産、育児、家事は女性の仕事だと決めつけていたのですが、コミュニティに住んでからは、なんでも夫婦の共同作業です。


そのうち衣子の希望で、父親の立会い出産の可能な室蘭の産婦人科病院に転院。

ラマーズ法という呼吸法による無痛分娩を取り入れているというので、その講習会に僕も出席しました。

「今日はお父さんも出席されていますが、とてもよいことです」

と講師の方に誉めていただきました。

この頃になると僕にも恥ずかしさもなくなり、出産という一大事業を衣子と二人で成し遂げようと期待に胸を膨らませていました。

しかし、立会い出産の夢はかないませんでした。

予定日まであと二カ月に迫った一九九九年二月二十日深夜三時頃、衣子に腹痛が襲います。

病院に電話すると、

「入院の可能性がありますので準備をしてすぐに来てください」

というのです。すぐに車を走らせ室蘭へ。診察の結果、そのまま入院となったのでした。とりあえず僕はキリパへ帰り、必要なものを取り揃えて翌日再び病院に行くと、ベッドでくつろいでいる衣子を見て一安心したのです。

コミュニティには出産経験のある方も多く、佐藤美佐子さんなどは、センター棟ができて間もない一九九八年二月に、コミュニティのメンバーがぜひセンター棟で出産したいという希望に応えて、その産婆役を務め、センター棟ホールでの出産に立ち会ったほどです。

その佐藤さんも、

「子供はなんとしても生まれてくるから大丈夫だから」

と励ましてくれましたし、また最近の医療技術の発達からも心配はないだろうと、僕も安心して、みんなでコミュニティの近くの温泉に出かけました。

この温泉にはいつもアナカ・ヤーラのメンバーも来ていて、ちょっとした交流の場。みんなでのんびり露天風呂で歓談していたら、突然館内放送。

「瀬木さま、瀬木さま、お電話が入っております。受付までおこしください」

変な予感がして、ドキドキしながら受付に向かうと、やっぱり病院の院長先生からでした。

「奥様が破水しました。母体のことも考え出産したほうがよいと判断し、室蘭でＮＩＣＵ（集中治療室）設備の整ったＮ病院が安心ですから、これから救急車で運びますから、ご主人もすぐにＮ病院に向かってください」

「エッ！　帝王切開になるんですか⁉　先生、家内は大丈夫ですよね？」

「心配はいりませんから安心してください。Ｎ病院はご存知ですか？　母恋《ぼこい》というところにあります。洞爺の方でしたら白鳥《はくちょう》大橋を渡るほうが早いはずです。十分間に合いますから、あわてずに安全運転で行ってください」

先生の落ち着いた対応に、僕も少し気を取り直し、

「わかりました。ありがとうございます」

すると、温泉の受付の方が、僕の電話での話を聞きながら、さっそくＮ病院の地図のコピーをとって、「Ｎ病院は多分、これがそうですから」と、わざわざ印までつけてくださっていたのです。

「ありがとうございます」

このやりとりの間に、温泉の男女風呂からコミュニティの仲間が心配して次々と出てきてくれました。

「瀬木さん、私たちの帰りの足は何とかするから気にしないで。そんなことより落ち着いて、安全運転でいってらっしゃい」

僕の車で温泉に来た仲間を置き去りにして、みんなに励まされながら、僕は急ぎ室蘭へ向かいました。

このときの僕は不思議なことに、不安よりも何か絶対大丈夫という安心感の中で、ハンドルを握っていました。なんとなくこれが現実とは思えないような、夢を見ているような気分でした。それは、この現実の中にいる自分のほかに、この場面を安心して見ている、もう一人の自分がいるような感じでもありました。

室蘭の新名所「白鳥大橋」は、ライトアップされた橋に雪が美しく舞い、まるで産道を自分が通り抜けているかのような気分になり、手術の成功を確信したのです。

「衣子！　必ずうまくいくからね」

でも白鳥大橋を渡ったあと、道をまちがえて、まったく別の病院に行ってしまいました。だんだん不安になった僕は、温泉でもらった地図のコピーを見直し、やっとN病院の近くにあるJR母恋駅に到着。そこにいたタクシーの運転手さんに、

「すみません。N病院ってどの辺りにあるんですか」

「その信号を左折したらスグ右折して坂を上がって、つきあたりを左折した所だよ」

「もう近くですよね？」

「うん、すぐだ。信号を左折したらスグ右折だからね。ほんとにスグ右折だからね」

「ありがとうございます」

運転しながら、

「ああ、ここは母恋か。母恋しだよな」

とこの地名を心の中でかみしめながら、「この現実は、衣子と赤ちゃんがお互いに同意して起こしているんだろうな。そして、僕も……」と考えていました。


夜十一時前、N病院に到着。

受付に行くと、すぐに産婦人科の看護婦さんが僕を迎えにきてくれ、産婦人科まで案内し

てくれました。その途中のエレベータの中で僕は看護婦さんに、

「あの、手術はもう始まっているんでしょうか？」

「まだですよ。もうすぐ始まると思います」

「よかった、間に合った」


産婦人科に着くと、女医の科長先生から状況説明を受け、

「これからすぐに手術に入りますがよろしいですね」

と手術の同意を確認されました。

落ち着いた先生の態度に僕も少し安心し、

「よろしくお願いします」

その直後、ベッドに横たわって手術室に運ばれる衣子と面会。

「大丈夫だからね。三人で創った現実だから絶対に大丈夫だからね」

と衣子の髪をなでながら声をかけると、衣子はこっくりとうなずき、涙を流しながら手術室に運ばれていきました。

手術室の前で待つこと四十分。先生に抱かれた赤ちゃんが出てきました。

真っ赤な男の子でした。

そのあと、麻酔で眠っている衣子が現われ、先生から手術の成功を伝えられました。

ありがとうございました。

瀬木《せぎ》　悠《はるか》　一九九九年二月二十一日　午後十一時三十三分出生　体重一七一一グラム

そして一週間後、衣子は退院。

これから僕たちの室蘭通いが始まりますが、悠の経過は順調とはいえませんでした。

悠はミルクを飲むと呼吸停止を起こすということで、生後順調に成長しているにもかかわらず、退院の許可がなかなか下りなかったのです。先生も原因がわからないということで、いつ退院できるかの見通しもつかない状況でしたので、僕たちは困惑していました。


そうして二カ月近くたった四月十七日。

いつものように二人でキリパを出て、N病院のNICU室に着くと、看護婦さんが僕に、

「今日は、悠ちゃんを保育器から出して抱いてみてください」

というではありませんか、

「えっ！　いいんですか？　やった〜」

少し遅れてＮＩＣＵ室に入ってきた衣子に僕は手を振りながら、

「悠を保育器から出してもらえるよ」

これまでは、保育器の丸い穴から手を入れて、悠に触れることしかできなかったものですから、衣子は大喜び。

ぎこちなさそうに、悠を抱きあげ記念写真を撮りました。

「はるか、はるか……」

初めて我が子を自分の胸に抱き寄せながら、衣子は何度も何度も息子の名前を呼んでいました。そして、いよいよ退院が近いだろうと、僕たちも期待を胸に膨らませたのですが、その後の先生からの経過報告は、

「ミルクを飲むときに起こる呼吸停止は、まだたまにあるんです。退院して、もしお母さんの気づかないうちに発生したら、命にかかわることにもなりかねません。毎日の病院通いは大変でしょうが、いましばらく様子を見たいと思います」

というものでした。

さすがに僕もこのときばかりは少し感情的になってしまい、

「こんなにたくさんの計測器につながれて、すごい電磁波を受けているからではないので

すか」

と先生に噛みついてしまったのです。

「それについては、なんともいえません。とにかく、いまは退院の許可を出すことはできません」


そんなある日、本池さんから電話がありました。

「悠くんのことなんだけど、中嶋由茂元《よしもと》さんのヒーリングを受けるといいみたいなの。由茂元さんの左手の薬指からヒーリングのエネルギーが出るの」

「そうなんですか。だけど、NICU室には両親以外は入れないんですよ。厚い壁に覆われていて中もまったく見えないんですよ」

「あっ、そう。どうすればいいか確認してみるね」

本池さんは、いったん電話を切り、保坂さんとチャネリングで情報をとってくれたようでした。そして、しばらくして再び電話がありました。

「あのね、五メートル以内なら壁越しでもかまわないの。ただ、十分間連続でヒーリングを受ける必要があるの」

「わかりました。ありがとうございます」

それから僕は、衣子と相談。その頃僕たちは、ＮＩＣＵ室に行くと毎日、悠をお風呂に入れてから、ミルクを与える練習をしていました。そこで、

「悠が寝ているベッドだと壁から五メートル以上はあるだろうから、そのままではダメだね。だけど、お風呂のある場所ならきっと五メートル以内になるから、お風呂に十分間以上入れるようにしよう」

さっそく中嶋さんに事情を説明すると、快く引き受けてくださいました。

そして、ご夫婦で室蘭のＮ病院まで足を運んでいただきました。

ＮＩＣＵ室の入口の前で僕が中嶋さんに、

「ここで、少し待っていただけますか、僕がだいたいの位置を確認してきますから」

と、衣子とともに白衣を着て手を洗い、マスクをつけてＮＩＣＵ室に寝ている悠までの距離を目測しました。

「やっぱりここからでは廊下までは五メートル以上あるね。でもお風呂なら確実に届くから、中嶋さんにはお風呂の向こう側の廊下に立っていただこう」

そして、僕だけＮＩＣＵ室を出て、中嶋さんをその場所まで案内して、

「この辺りに立っていただけますか。特に意識されなくても普通に立っているだけでエネ

ルギーが出るそうです。すみませんがよろしくお願いします。悠の入浴が終わったら、僕がすぐ出てきますから」

「私たちのことは気にしなくていいから、ゆっくり悠ちゃんと接してあげてね」

中嶋さん夫婦の優しい言葉に励まされ、僕は再びＮＩＣＵ室に入ります。

十分間以上悠を抱きながらの入浴は、腕が疲れるので、悠の入浴は僕が受け持つことにしました。

こうして、僕は悠をゆっくり抱きかかえながら、壁際の入浴コーナーまで運び、時計を見ながらゆっくり十分間以上入浴させることができました。

この日のことを、あとで本池さんに報告したら、「大丈夫よ、うまくいったわよ」という答えでした。

こうして、先生や看護婦さんたちの手厚い看護を受け、またコミュニティ内外の方々からも暖かいサポートをいただきました。

こうして、約三カ月の室蘭までの病院通いを経て、悠は五月末に無事退院となり、コミュニティのメンバーにお披露目することができました。

たくさんの〝おめでとう〟と
たくさんの〝ありがとう〟が響き合う
〝ただ在るすべて〟から旅立ち　生まれてくる存在はみんな
無条件に祝福される

幸せになろうね　はるか
ちょうど一年前
ときめきと勇気をもって　この地に住みはじめたときにも
強く放った思い
分かち合える人がまたひとり増えた

今年（二〇〇一年）の二月で悠は二歳になりました。

未熟児であったとは思えないほどスクスク育ち、とてもワンパクです。

最近では、センター棟でのミュージカルの練習で踊りや歌が始まると、一緒に踊ってはみんなを笑わせています。センター棟のホールを走り回って、みんなにかわいがってもらっている悠を見ていると、昔、僕が子供の頃、地域ぐるみで子供たちを育てていた社会を思い出します。

最近、ラジオでニュースを聞くと少年犯罪が急増しているようですが、ここコミュニティは自然が多いだけでなく、人と人との交流を通して子供たちが健全に育つ、とても有益な環境だと感じています。

僕自身がコミュニティでのさまざまな人との交流を通して成長させてもらっているように、悠もたくさんの人との交流によって、大切な感受性を育んでいくことでしょう。

いま、私たち夫婦は悠を通して自分たちの愛のレベルを成長させています。

僕にとって子供は三人目ですが、前妻との間の二人の子供は、当時会社が忙しかったこともあり、ほとんど育児は妻に委ねていました。

ところが悠の場合は、以前の子供とは事情が違います。

こんなに子供と向き合うことは初めてです。衣子と二人で協力し合っても気の抜けない毎日です。叱るときも以前のようにきつく叱っているわけにはいきません。なぜなら、会社勤めをしているときは、父親は怒るとこわいという印象を与えても、接する時間が僅かですか

2歳になった悠（自宅のデッキで）。とてもワンパクです

ら問題にはならなかったのですが、いま同じことをやると一日中怒鳴りつづけていることになります。

僕はすぐに切れるタイプですから、頭にくるとすぐに手を出してしまうのです。

いま、悠を通して自分の許容範囲の狭さを嘆くときもあります。こんなことも許してやれないのかってね。

悠がしでかすさまざまないたずらにも、ゆったりとした適切なしつけができる、母性的な愛情を身につけている僕です。

とはいっても一年ほど一気にワープして、はやく悠が分別のある段階にならないかな、かわいいんだけれどネエ、これ僕の本音です。たぶん衣子も……。

もう一つのセミナー

いままでに私たちは二つのセミナーを施行しました。一つ目は先に述べた「新しい人間関係のセミナー」でした。そして、二つ目のセミナーは、「未来の地球にもたらす愛を、さらに成長させて、より豊かな愛に満ちた〝アヤナレーニ〟を実現させるセミナー」という、ながいタイトルのセミナーでした。

このセミナーは、地球で育んできた愛のエネルギーをさらに成長させて、未来の地球に送り届けるという仕事を受講者の方とともに行うものでした。

このセミナーを私たち夫婦がどうして施行できたのか、自分なりに考えてみたのですが、これは先に述べた、ハーブ園の仕事を衣子がやり遂げたのが大きな要因ではないかと感じています。

セミナーでは地球外次元にある特殊なエネルギーを、他次元存在が地球次元に降ろすのですが、そのとき必ず地球次元にそのエネルギーと共鳴できる肉体が必要なのです。でないと、地球次元に引っ張ってこれないのです。

例えば、あるテレビ放送局の周波数の電波を受信しようとしたときに、各家庭に同じ周波数の帯域をもつテレビ受信機がないとできません。これと同じように、ここではセミナー施行者が受信機の役目を受け持つのです。

衣子がハーブ園で行った仕事の目的は、「No・2051の宇宙に植物の遺伝子を送り届ける」というものでした。

つまり、このワークを通じて衣子は、必要なエネルギーを必要な場所に〝送り届ける〟という英知を見出すことができたはずです。それが、今回の愛のエネルギーを未来の地球に送り届けるセミナーが実施できた大きな要因だと感じています。

僕がそのように思ったのは、このセミナー情報を受けとったのが、ハーブ園の仕事を衣子が完了させた直後だったからです。

コミュニティで実施しているセミナーには必ず実施可能な有効期限があります。アヤナレーニ創造をビルの建設に例えるなら、一つのセミナーは、基礎工事、外装工事、設備工事など、そのビルを建設するための工事工程の一つと同じです。

ビル建設の工程にはそれぞれ厳密な実施時期があるように、セミナーにも実施可能期間というものが明確に定められているわけです。

私たちがこのセミナーの実施可能時期をチャネリングで情報収集したときは、一九九八年十二月二日〜一九九九年四月十八日まででした。

ちょうど、悠の出産予定日が四月二十六日だったので、

「他次元の存在も衣子の出産をちゃんと意識しているみたいだね。でも出産間近の四月なんて、とてもできないだろうね」

なんて二人で話していたのです。

そして、一九九九年三月までのセミナー予定を立て、『ユニティリンク』新年号にパンフレットを同封して全国に送りました。

そして、おなかの大きくなった衣子と一月末にはセンター棟で、そして二月初旬には東京と神戸でセミナーを実施しました。

そのあと、二月二十七日には熊本で、翌日の二十八日には神戸でのセミナーを予定していましたが、悠が早産で生まれたために、セミナーをキャンセルせざるを得なくなりました。

僕は、あわてて飛行機のチケットやホテルの予約を取り消して、予約をいただいていた方々に、電話とＦＡＸで、

「妻が早産のために、せっかく予約いただいていたセミナーですが、キャンセルさせていただきます。ごめんなさい。なお、妻は二月二十一日に無事男の子を出産しました。母子と

もに元気です」

と、お詫びの連絡を入れたところ、セミナーを予約いただだいていた方々から暖かいメッセージをいただきました。

「出産おめでとうございます。セミナーは受講できなくて残念ですが、元気な男の子が生まれたそうで、心からお祝い申し上げます。コミュニティに新たなメンバーが増えましたね。奥様の身体を大事にしてあげてください」

そして、三月十三日には山形で、十四日には東京でのセミナーを予定していたのですが、キャンセルしようかどうしようかと迷いながら、現地でセミナーをコーディネートしていただいていた方には、

「飛行機のチケットはとってあるのでいまキャンセルしないで、直前の妻の体調の様子をみて判断させてください」

という連絡を入れました。

しかし、出産直後の衣子の様子を見ていて、正直いって三月のセミナーはとても無理だろうなと諦めていたのです。

ところが、その後の衣子の回復の早さには驚きました。

というのも、看護婦さんが昨夜手術を終えたばかりの衣子に、翌日のお昼には自分で立って歩くようにいうのです。衣子は手術後の痛みがまだまだとれない状態でしたから、「痛くてとても無理です」と答えていました。

僕もとても無理だと感じたのですが、看護婦さんは何度も衣子の所にやってきては真剣な眼差しで、

「痛い気持ちはわかりますが、ここで自分の力で歩こうとしないと、回復がどんどん遅れるんですよ。いまは痛みがあって、とても歩けるとは思えないかもしれないけど、すぐに慣れるから大丈夫。傷口は絶対開きません。私を信じて、歩いてみて」

こうした看護婦さんの熱意のお陰で、ついに、その日の夜には衣子はベッドから降りてゆっくりと歩きはじめました。それを見ていて初めは少しかわいそうだとは思いましたが、その後の衣子の回復ぶりをみて、あらためて看護婦さんの指導が適切だったことを痛感したものです。

僕はコミュニティに来てからは、「苦しんでいる人がいたら手を差し出すことだけが愛ではなく、ときには黙って見守り、その人が自分の力で歩み出すことを信じてあげることも愛

である」ということをつねづね思っていたのですが、ここでその愛の実際の場面を見せていただきました。

こうして、衣子は出産から一週間後に無事退院できました。そして、悠は病院で担当の先生やたくさんの看護婦さんに見守られ成長の第一歩を踏み出していました。

そして、僕たちも三月のセミナーを予定通り楽しく実施することができました。

N病院のみなさん、ありがとうございました。

贅沢なガーデニング

農業を始めたのは、コミュニティに住みはじめた一九九七年でした。

それは本池さん、保坂さんのチャネリングで「自給自足の体制を急いで作り上げてください」という情報が伝えられたのがきっかけでした。

でも、そのときは農業の得意な人がやればいいと思っていました。僕自身、いままで土をいじることはほとんどなかったし、特に好きな分野でもなかったからです。

ところが、どうしたことでしょうか？　三年後の二〇〇〇年は人が変わったように農園作業にいそしんでいるのです。

そもそも僕が農作業を始めたのは、「私たちの必要な栄養素が、コミュニティで取れた野菜に入ります」とチャネリング情報で伝えられたからです。

コミュニティのメンバーは、アヤナレーニを誕生させる仕事をするために、特殊な光体を保持しているそうです。そして、その光体を機能させるための栄養素もやはり特殊なものを摂らなくてはなりません。この栄養素は他次元の存在が食物に入れてくれるのですが、コミュニティで取れた野菜にもっともたくさん入るということでした。

それと、僕が農作業を始めることになったもう一つの理由は、近所（といっても一キロほど離れていますが）で農業を営んでいる田中さんに自家菜園として畑を耕していただいたことでした。

最初は、鍬《くわ》を持つことも石灰や堆肥をまくことも、どちらかというと義務感でやっていました。ところがある日、畝《うね》を作るようになってから状況が一変します。

自分で作った畝ですから愛着もひとしおです。自分の労働（創造）がすぐに目の前で形となって変化していくからです。僕は衣子に、

「なかなかサマになっているでしょう」

と自慢しながら自己満足に浸っていました。

そんなとき農家の田中さんがやってきて、

「いやいや、りっぱな畝を作ったね。ここまでやると、こちらも耕してあげた甲斐があるよ」

と喜んでいただき自信が湧いてきました。

それからというもの、この畑を作物や花で埋め尽くそうとビジョンを描いては、種をまき、水をまく日が続きました。

僕が作った畝に初めてまいた種はひまわりでした。

「芽が早く出ないかな～」

僕は種をまいた翌朝から畑を見回っていました。そして、五日後、むっくりとひまわりの芽が顔を出したのです。

「衣子、衣子、ひまわりに芽が出たよ！」

まるで、子供のようにはしゃぎながら喜んでいました。

頭では理解していても、実際に植物さんと対話をしながらの農作業がこんなに楽しいとは思いませんでした。

コミュニティのみんなも、いままでパソコンの前に座っていた色白の僕が、真っ黒に日焼けして農作業をしている姿を見て驚いていました。

「パソコンに向かっている瀬木さんもステキだけど、畑仕事をしている姿もステキよ」

「瀬木さん、よくそんなに日焼けできるわね。でも、男らしくて健康そうでいいよ」

「畑仕事してから、瀬木さん活き活きしてるね。若返ったね」


こんなうれしい言葉をみんながかけてくれました。

僕が農作業に夢中になると、コミュニティ内外の方々が次から次へと花や野菜の苗を届けてくれました。

ある日は、キリパのメンバーの伊藤幸子さんが、

「これマイ畑で育ったコスモスなんだけど、よかったら植えてください」

またときには、農家の田中さんが、

「これビートの苗だけど植えないかい？　自然の砂糖だから身体にもいいよ」

と苗を持ってきてくれました。

こうして僕の畑には、マリーゴールド、ほおずき、千日ネギ、ボリジ、アップルミント、くるみ、どんぐり、マーガレット、シソ、イチゴ、ケイトウ、タイム、キキョウ、孔雀草な

どなど、たくさんの植物さんたちが嫁いできました。

そのうち、畑だけでは物足りなくなって、今度は花壇を作りはじめ、僕の農作業は一気に壮大なガーデニングへと発展していきました。

キリパ村の敷地は三万坪もあります。とても一人では三万坪のガーデニングなんてできませんが、自宅から見える景観をステキなものに変えたいと、毎晩眠れないほどワクワクしながら考えるようになりました。

まずは、伸びきった牧草を刈って、遊歩道の道を五十メートルほど耕しました。

ハーブの小径を作ろうと、踏むとリンゴの香りのするローマンカモミールの種を買ってきて、自宅でせっせと育苗。二カ月後に三百本ほどの苗が育ち、耕した小径に定植。

こんどは小径に柵を作ろうと、敷地に棄ててあった丸太を利用し、カモミールの小径が完成しました。

また、遊歩道を耕すときに出てきた大きな石は、花壇の敷石として再利用。こうして、ガーデニングの材料は、すべて敷地内で調達できました。

僕の農園作業好きが、キリパ村の隣りに住んでいる坂本さんにも聞こえたらしく、ある日

キリパ村にいらしたときに、

「うちの芝桜あげようか」

「えっ！　ホントですか。芝桜ってどんどん増えるんですってネ」

「増えるよ。こんどあげるからね」

「自宅の前の傾斜に植えてグランドカバーにしたいな。うれしいな」

僕はこのとき、数株ほどの芝桜を分けていただけると思っていました。

ところがある日、沖さんが、

「坂本さんが芝桜あげたいから、取りにおいでっていってたよ」

「えっ、ほんとに。僕、すぐいくよ」

坂本さんのお宅は、隣りといっても自宅からは五百メートルくらい離れているので、車に乗って行くと、坂本さんが両手いっぱい抱え込んだ芝桜をドサッと地面に降ろしながら、

「これだけで足りなかったら、もっとあげてもいいんだけどさ……」

「えーっ、こ、こんなにいただけるんですか」

いただいた芝桜は、ワゴン車の荷台にいっぱい入るほどありました。

「これが白い花で、これが赤い花だから間違えないように。足りなけりゃ、もっとあげてもいいんだよ」

「い、いや十分です。ありがとうございます」

帰りの車の中で、僕はうれしさと同時に、「これだけの芝桜、ぜんぶ植えられるかな」という不安も少しありました。

さっそく、近くにいたメンバーに声をかけ、センター棟の基礎工事の土砂でできた傾斜に植えはじめましたが、一日ではとても植えきれません。

その後は、ハンドドリルを買ってきて、一人でしこしこと傾斜に穴をあけながら、約一週間かけて残りの芝桜をすべて植えました。

雨の日もひたすら植え続けている僕を見て、キリパの住人の川端ひろこさんが、

「雨なのに大丈夫？　風邪ひかないようにね」

と声をかけてくれますが、僕はもう夢中で続けました。

隣りの田中さんがやってきて、僕が植えた芝桜を見て、

「いや、いや、瀬木さん、驚いたね、ホントにこれだけよくやったね。来年が楽しみだね。坂本さんもすごく喜ぶよ」

こうして芝桜を植えた面積は百平方メートルにも及びました。

この活動は自分の喜びなのですが、キリパ村がきれいになるとみんなも喜んでくれる。ここまでくると僕の活動はもう止まりません。

メルヘンの路——展望コース——から眺める羊蹄山

こんどは、先に作ったカモミールの小径をどんどん延長して遊歩道にしようと動きだしました。そして、傾斜には丸太を利用して階段や手摺を作り、牧草地には芝刈り機を買ってきて牧草を丹念に刈って芝生のように仕上げる。

五十キロ以上ある丸太を敷地内から運んでは、丸太のテーブルとイスを配置。近くの林から白樺の木を掘り起こし、牧草地や小路に移植するなど、何かに取りつかれたようにガーデニングにいそしみました。

こうして、キリパ村がみるみるうちに変わっていくので、みんなの驚嘆の声が響きます。

「キリパを散歩するのが楽しくなったわ」
「よく一人で、あんなに重い木を運んだね」
「いつの間に開拓したの？　ここの景観ちょっ

と見ないうちに見違えちゃったね」

「あっという間に階段ができたね。ここ、家からよく見えるのよ。ステキな階段を作ってくれてありがとね」

こうして雪が降りはじめる十一月初旬まで約半年にわたって作った小路は三百メートルを越え、階段の数は五十段以上にもなりました。そして、この遊歩道に利用した丸太の長さはなんと五百メートル以上にも及びました。

都会ではまず出来ないダイナミックなガーデニングです。

今年（二〇〇一年）は、小路の周りにさまざまな花を植えて優雅な遊歩道に仕上げたいと考えています。

この遊歩道は「メルヘンの路」と名付けました。キリパ村に遊びにいらっしゃったときは、ぜひ散歩なさってくださいね。

みんな輝いていくね！〝ミュージカル〟

一九九八年秋ごろ、コミュニティのメンバーがチャネリングによって、あるエネルギーワークをキャッチしました。はじめはどんなワークなのかよくわからなかったのですが、情報を詳しくとると、結局コミュニティでミュージカルを行うというものでした。

「ええっ！　コミュニティでミュージカル!?」

コミュニティでは、セミナーや講演会、農作業などを活発に行うイメージをもっていた僕にとって、このミュージカル情報は拒絶反応以外の何ものでもなく、そのためになかなか参加しようとしませんでした。

それに拍車をかけたもう一つの要因に、この頃に念願のマイホームが完成したばかりだったということもありました。それは二年前にこの土地を訪れたときに、「僕はここに家を建てることを意図します」と宣言した、まさにその場所に建てることができたのでした。


それからというもの、コミュニティのメンバーとの交流よりも、自宅でオーディオ、家具、調度品の購入など、自分の趣味を満たすことに一生懸命でした。

そして、家に閉じこもり本を書きはじめたり、新たなセミナーの情報をとろうとチャネリングを始めたり、みんなとは孤立した活動を行っていました。

そしてある日、自分が受けとったセミナー情報のチェックを本池さんに依頼したところ、情報がほとんど正確にとれていないというのです。そして、その原因を本池さんが調べてくれたようで、次の情報がきたのです。

「家の中に自己満足を追求するエネルギーが満ちていて、情報としてのエネルギーがうまく入っていけないそうです。ご家族と他のコミュニティのメンバーとの間に境ができているそうです……喜びの創造を始めてください」

何もかも見透かされたようなこの情報で、僕はドキッとしましたが、これによって表面意識のエゴを満たしてばかりいる自分に気づき軌道修正することになりました。そして、その後ミュージカルの打ち合わせにも参加するようになりました。

最初、このミュージカルをどのように進めていったらいいのか、みんな雲をつかむような状態でしたから、話もあまり盛り上がりませんでした。

そのうち、台本を古谷敏雄さんが作りはじめ、台本ができあがってからは徐々に進展していきました。主人公の名前は「務」、僕と同じ名前でした。

古谷さんによると、この主人公は僕をイメージして作ったということでした。

センター棟で、みんなに台本を配りながら古谷さんが、

「とにかくみんなで一度、やってみましょう。務役は……」

古谷さん、突然僕に視線を向けて、

「瀬木さん、やらない？」

急に振られたものですから、僕はあわてて、

「チョット、チョットまってよ。僕まだ、やる元気ないよ」

「じゃあ、まずは僕がやりましょう。明美役は誰かやってもらえませんか？」


コミュニティで行うミュージカルのユニークなところは、誰か特定の人が配役を選んだり、演技指導をしたりすることがないことです。やりたい人が自分のやりたい役を演じ、基本的には演技もその人独自の創造性を大切にして進めていきます。

こうして、各メンバーが自分のやりたい役を引き受け練習がスタートしました。

毎回、一つの役を同じ人がやるのではなく、さまざまな人が演じることによって、そのバリエーションを楽しみながら進められました。

でも僕は、この時点では、まだ出演したいとまでは思えなかったのですが、この主人公のモデルは僕を想定して作ったということでもあり、みんなが僕にこの主役をやるように勧めてくるのです。

本池さんからも、

「古谷さんがね、この台本を作るときに瀬木さんをモデルにしたから、できれば瀬木さん

にやってもらいたいんだって……」

と電話があったのですが、なんだか気分がのらなくて、

「僕はコミュニティにミュージカルをしに来たんじゃないもの。セミナーとか講演会ならいいんだけど……」


その後、演劇経験のある平原映子さんが、古谷さんと相談しながら台本を充実させていきました。こうして手探りで始めたミュージカルでしたが、だんだん形になっていくと、みんなの表情もどんどん明るくなっていきました。

みんなが楽しそうに演技しているのを見ているうちに、僕もなんだか物足りなくなっていきました。

僕のその様子を見破ったのか、平原さんが、

「瀬木さん、務さんの役やってみない」

「えっ！　……　よし、やってみる」

僕ってのりやすい性質《たち》なのか、そこそこ演技にハマってしまったのです。

でも、みんなには、

「まだ、正式にやるとは決めてないからね」

といいつつも、ちゃっかり家ではセリフの練習を始めていたのでした。

そのうち、主人公役を一時はやろうと手を上げたものの、その役に別のメンバーも名乗りをあげたので、もう一つ乗り気ではなかった僕は降りたのです。

でも、どんどん進展していく中で、僕も何かやりたいと思い、挿入曲の作詞・作曲の募集があったときに「よし、作曲をやってみよう」と思ったのです。

自宅でギターのコード進行にまかせ、即興的に作った曲を、テープに録音してみんなに披露したら、なんと採用されちゃったのです。

うれしくなった僕は、毎日、ギターをかついで練習に参加するようになりました。

その流れの中で、ある日、レストランの社長役のポストが空いてしまったのです。

そのとき、照明担当の佐藤美佐子さんが、

「瀬木さん、レストランの社長役やってくんない？」

と言ってきたので、僕は躊躇せず、

「あっ、それ関西弁の役だね。関西弁は僕のお国言葉だからまかせて」

このあたりまでくると、僕もミュージカルへの拒絶反応は薄らぎ、むしろ楽しんでいました。

そうして、衣子も得意な詩で、作詞を担当するようになっていましたし、また演技面でも村人の役を引き受けていました。

衣子が作った詞に、藤井さんと鈴木さんが曲をつけて、素晴らしい歌が完成していきました。このミュージカルの最後に全員で歌う「はるかなる旅」という歌を練習の中で歌いながら、僕は何度も涙を流しました。僕がコミュニティに来るまでの過程を走馬灯のように思い出させる詞に、やさしいメロディーが感情を揺さぶるのです。他のメンバーの中にも涙ぐみながら歌っている人がたくさんいました。

舞台背景や大道具、小道具もみんなでアイデアを出しながら、近郊のホームセンターで材料を仕入れ、大工仕事や美術が得意な人が中心になって作りました。

舞台衣装も裁縫の得意な人が、台本のイメージに合わせて生地を購入して作りました。

また、舞台背景に自然の風景の写真をスライドで映そうと、以前、僕が企画したイベントでスライド映写機を使ったことを思い出し、

「そうだ、ジャック（キリパの住人、青木稔さんの愛称）が自分で撮った自然風景のスライド写真をいっぱい持ってたよ。あのときは洞爺村総合センターで映写機を借りたんだ。ほら、キリパ村一周年のイベントで公開したでしょう」

ということで、情報誌『ユニティリンク』の表紙写真を担当しているジャックの登場とな

りました。

挿入歌やＢＧＭは、音楽担当の一人である鈴木さんの自宅で、彼のミキサーを使いＣＤに録音しました。僕もギターをかついでアナカ・ヤーラの鈴木さん宅に伺い、スタジオミュージシャンにでもなった気分で、ヘッドホーンをつけながらギターの伴奏を録音しました。

どんどん形になっていく過程を見ながら、

「ちゃんと、ミュージカルをやるのに必要な人がコミュニティにはいるんだね」

とみんなで感心したものでした。

こうして、初めて手掛けたミュージカルは『ザッツ・ワンダフル！』と名づけられました。

そして、一九九八年十二月二十日の洞爺村総合センターでの初公演は、地元から三十名ほどの方々にご来場いただき、楽しく盛大に行うことができました。そして、これによって各自が日頃自覚していない能力を引き出せました。

ご来場いただいた方からも、

「みなさん活き活きと演技されていて、今日は本当に楽しかったです」

という感想をいただきましたが、僕もこのミュージカルを通して、やはり自分の真の喜びは、みんなとの交流によって創り上げていくものだとあらためて感じました。

そして昨年、新しいミュージカル『祝福』を手掛けました。

このミュージカルは本池さんたちも協力して制作され、二〇〇〇年十二月二十四日に洞爺村総合センターで初演を行いました。

前回のミュージカル『ザッツ・ワンダフル！』は、制作から本番まで約二カ月という短い時間の中で実行されましたが、今回の『祝福』はボイス・トレーニングやストレッチ体操などの基礎練習からはじめ、時間をかけて、じっくり練習を積み重ねてきました。

というのは、このミュージカルは歌とセリフを通して、観客の方々にエネルギーを送り届けるという、一種のセミナーでもあるからです。つまり、アヤナレーニから始まる新しい時代に必要な感性のエネルギーを、このミュージカルによって、すべての創造へと発信するのです。

私たちが現在体験している時代は、「コアの成長」をテーマにした時代です。この時代では、私たちの本質であるコアは、同じ個所から誕生したもう一つのコアとの出会いを求めて、光と闇を統合しながら愛を創造することによってコアが成長します。

そして、これから迎えようとする新たな時代は、「母性による創造を楽しむこと」をテーマにした時代です。これは、同じ個所から誕生した三つのコアが笑い合うことによって、コアのもつエネルギーがどんどん美しくなり、それによって創造の美しさも増していくというものです。

このミュージカル『祝福』は、時代を転換する生命体種子を創り上げるときに、地球人にその種子としての役割を成し遂げるために必要なエネルギーを発信するものです。

前に「地球はアヤナレーニとしての種子の役割である」と述べましたが、地球人には新しい時代を迎えることのできる生命体の種子としての役割が新たに加わったのです。

そして、この役割はリリッセ、ミッシーリの宇宙グループだけでなく、もっともっと大きな創造全体に働きかけるものです。

この情報は、ミュージカル『祝福』の練習が始まった頃に伝えられたものでした。

これはミュージカルに例えれば、地球人にとても重要な、そしてやりがいのある配役が突然まわってきたようなものです。

そして、地球人の方々にこのエネルギーを受けとっていただくために、まず『祝福』に出演するメンバーが、このエネルギーを十分に発信できる身体になることが必要でした。

コミュニティに来てからというもの、ほとんど運動らしいものをしていなかった僕は、身体が相当かたくなっていて、ストレッチ体操はかなりハードでした。

また、身体にしなやかさを養うために、太極拳もメニューに加えられました。

僕はこのミュージカル『祝福』の初演を行ってみて、あらためてこのミュージカルのもつ意味の深さと、それを演じる人を大きく成長させるすばらしいワークであることを実感しています。

『祝福』のシナリオは、私たちがこれから目指そうとしている調和的な平和な社会そのものです。そして『祝福』の登場人物は、みんなバランスのとれた、明るく楽しい人たちばかりです。

その中で僕の選んだ役柄は、競争社会の中で勝ちつづけるものの、人を押しのけて得られる幸せへの疑問から、みんなの中でただ一人バランスを失っていた男性役でした。

そして、バランスのとれた他の人たちに励まされ、讃えられ、どんどんバランスをとり戻し元気になっていくのです。

初めて『祝福』のシナリオを読んだときに、すぐに僕はこの役柄と自分の過去がよく似ていることに気づき、やってみようと立候補したのです。

練習の過程で僕がこの役柄を少しずつ消化していくと、『祝福』のシナリオライターであり、エネルギーチェックの担当である本池さんに、新たな情報が降りるらしく、セリフが付け加えられたり、削除されたり、変更になったり、セリフの一部が歌に変わったりしました。

「瀬木さんのセリフがまた増えちゃったのよ。ごめんね」

本池さんのこの「ごめんね」は、

「あたしがいってるんじゃないからね。瀬木さん自身がセリフを増やしてほしいと、他次元の存在を通じて私にいってきたんだからね」

という意味です。


あるときは、作曲の依頼がありました。

「瀬木さんの役の、このセリフにメロディーをつけてほしいの。ごめんね」

そして、僕が作った曲を、本池さんと電話を通して歌いながらエネルギーチェックしていくのです。

「よく作ったわね〜。うまいね〜瀬木さん。エネルギーよく入るよ」

本池さんは、人をおだてるのが最高にうまいので、単純な僕はついついのせられてしまいます。

「今度は、この部分もメロディーにしてください」

「えっ、またですか？」

「そうなの。ごめんね」

そして、再び作曲した曲を電話口で歌います。

「だいたい、ＯＫなんだけど、ここの詞の部分と、ここの詞の部分のエネルギーが入らないので、もう一度そこは作り直してください」


こうして、『祝福』の内容は本番が近づくにつれて、どんどん変化していきました。

やっとセリフがおぼえられ、演技に集中でき、表現力がついてきたと思ったら、変更個所が出てくるのですから、大変だなと感じたときもありましたが、むしろつねに新鮮な気持ちで取り組めました。

そういう意味では、このミュージカルは演じる人たちだけで創り上げていくものではなく、目に見えない他次元存在がいつも私たちの演技を見ていて、適切なアドバイスをしてくれる共同作業であることが実感できました。

特に一人だけでアカペラで歌う部分が出たときは、その難しさに戸惑いました。

アカペラというのは伴奏なしで歌うことです。サラリーマン時代には、よくカラオケに行っていたこともあり、歌うことにはそれなりに自信をもっていたのですが、アカペラで歌うと音程が丸裸です。

その歌の良し悪しのポイントは声です。ボイストレーニングを行ってみて、声って自分の性格を現わしていることがよくわかりました。

ボイストレーニングは、学生時代にコーラスをやっていた藤井さんがサポートしてくれるのですが、僕の発声を聞いて……、

「瀬木さん、自分の声を聞きながら出しているよ。あとのことは考えずに、出たとこ勝負で出したほうが気持ちがいいよ」

というアドバイス。

「そうか、自分が人の評価を気にしながら行動するパターンが出てるわ」

また、あるときは藤井さんから……、

「瀬木さん、そんなに力むと聞いているほうもしんどいよ。ノドや胸のあたりから力づくで出そうとしているからだよ。もっとお腹をつかって声を出すようにしてください」

「そうだよな〜。会社生活で自分を一生懸命アピールしてきたもんな」

このように、声(歌)を通して自分を見ることが理解でき、楽しみながら自分自身を確立させています。

『祝福』の練習がある程度進み、みんなセリフもおぼえた八月下旬、本池さん、保坂さんたちがミュージカルのエネルギーチェックのために、コミュニティに来てくれました。

各自が、このミュージカルの演技を通して必要なエネルギーが放出できるように、身体の調整を行う作業です。

センター棟のホールで、各自、本池さん、保坂さんたちの前で演じます。

本池さんが僕の演技を見て、

「瀬木さん、講演会をやっているみたい。バランスがとれすぎてるっていうのかな、この役の人は、ここではバランスがとれていない状態なんだよね」

そこで僕は、こんどは思いっ切りバランスを崩した自分を想定して演技します。

「それじゃあボロボロという感じね。そこまでズタズタにならなくてもいいから」

みんな大笑い。

そして、セリフを話していると、とつぜん保坂さんが、

「ウッ！」

といって何かの信号をキャッチしたのです。

本池さんが僕のセリフを遮《さえぎ》って、保坂さんと二人でチャネルしながら何やら宣言をしているのです。どうも、これは僕がセリフをいうときに、無意識レベルで不必要なエネルギーを出してしまうために、それが出ないように調整しているようです。


こんな感じで、各自がチェックを受けながら進めていきました。このとき僕自身もそうでしたが、他の人の演技をサポートする本池さんのアドバイスはじつに的確で、演じる人の新たな側面をうまく引き出していくのが、見ていてとても楽しかったのです。


明るいお嬢さんの役を演じる平原映子さんには、

「あの～できればスカートをはいてほしいんですけど。普段でも……ズボンだと楽だから私もついつい、足を広げちゃうのよね。ここでもスカートをはいて演技してくれませんか」

そして、スカートにはきかえた平原さんが再び登場し演技に入ります。

すると平原さんの動作が一変し、役柄に合ったプリティガールに変身したのです。

あまりにも、みごとなこの変化に、

「すごいね。一変したね！」

と、みんなで笑いながら顔を見合わせました。


また、七歳の男の子役を演じた秋元和子さんには、

「男の子ってそんなゆったり動かないと思うんだけど。もっとせかせかしていて落ち着きがないというか……コミュニティの子供を見て男の子の動きをチョット研究しておいていただけますか……」

その後の、秋元さんの変身振りには驚きました。彼女は役の性格をそのまま消化したために、普段の生活でも、男の子と見まちがうほどでした。

「私、困っちゃった。ホントに男の子みたいな仕草しかできなくなっちゃった」

とてもカワイイ、ヤンチャ坊主の仕草が板について、いつもみんなで笑っていたのですが、初演終了後、一転してこの役は女の子に変更になり、本人もあわてています。

それから、このミュージカルのセリフですが、同じセリフでも声の出し方やイントネーションによって、相手に与える印象がぜんぜん変わるのですね。

ある母子の会話の中での娘役のセリフです。お母さんから質問されて、それを否定する部分があります。娘役の大西きみちゃんが、

「ちがう、ちがう」

と早口で演じたのですが、本池さんから、

「そこは、そんな切り捨てるようないい方ではなくてうれしそうに、〝ちが～う、ちが～う〟って延ばしながらいってくれる？」

これでやり直したら、この母子の陽気で平和な様子が、さらに印象強くなりました。

ちょっとした言葉の変化で、人との交流って変わるものだなとつくづく感じます。

このようにミュージカル『祝福』では、すべてのセリフのイントネーションは、相手を活かすイントネーションになっています。だから、衝突が起こりようのない設定なのです。

これを、何回も何回も練習していると、ミュージカルの練習を離れても、同じようなイントネーションの会話がコミュニティ内で交わされるようになりました。

これには驚きました。このミュージカルでの明るく、調和的な交流が、コミュニティ内の日常生活にも徐々に表れていくのです。

このミュージカルの練習で、もっとも重要なことは、演じる人それぞれが練習しながら、その役から発信される予定のエネルギーを十分に発信できる身体になることです。

そのために、個々の役柄については、他の人が事細かに演技指導しないことになっています。演技指導は本人が同意したときのみ、誰か気づいた人がアドバイスする程度です。

なぜそのような練習方法をとるのかといえば、演じる人の自発性、創造性が役を作りあげる過程で十分に発揮されることによって、その人が発信するエネルギーを消化できるからです。その人は役柄をこなすことによって、自分に新たな変化を与えることになります。

でも、例外としてこんなこともありました。

過去世で男性を体験したことがなかったという山賀靖子さんが男性役を引き受けたときです。彼女は、男性的な動きがなかなかできなくて、初演まであと一カ月に迫ったにもかかわらず、まだエネルギーが放出できる身体になっていないというので、一時はその役を降りることを決めたのです。

本池さんから僕に電話があり、

「やっちゃん（山賀さんの愛称）は役を降りるとおっしゃってるんだけど、この役をこなしたいという気持ちもまだあるそうなの。コミュニティの男性の方がサポートしてくださる

現在コミュニティで実施しているミュージカル『祝福』。総勢18名の住人が出演します

とありがたいです」

ということで、辻盛義久さんと僕の二人で男性の歩き方、仕草などをサポートさせてもらったことがありました。

以前、他の女性の方も男性の役を演じようとしていたのですが、エネルギー不足が起きて、男性の方にその役を交代したことがありました。女性が大人の男性の役をこなすのは大量のエネルギーを使用するそうで、僕たちがエネルギー的なサポートをしながら、山賀さんが発信体になるのをお手伝いすることになったのです。

「いままでは演技するのが苦しかったけど、今日は少し楽しく感じられた」

センター棟でのサポートを終えて、彼女がこういってくれました。

「自立完了……」と子供たちが叫ぶシーン（練習舞台から）

そして、彼女はもう一度その役にチャレンジしようと、再び練習に参加するようになりました。こんどは、以前、男性の子供役をみごとに消化した秋元さんが、山賀さんに毎日四時間もの個人レッスンを続けました。

数日後の全体練習では、演技に男性っぽい雰囲気が出てきました。

「だんだん楽しくなってきた」

というやっちゃん。険しかった表情に笑顔が戻ってきました。

そして、むかえた十二月二十四日の初演では、彼女はこれまでで最高の演技を披露したのです。その幕が終了したとたん、観客席から拍手と歓声が沸き起こりました。

演技を終えて、僕が、

「やっちゃん、今日は最高の演技だったね。ほんとに楽しそうに踊っていたから、僕も楽しく演技できたよ」

というと、

「うん、楽しかった。見られることの喜びを初めて体験したよ。また、やりたい！」

息を弾ませながら話す彼女の満面の笑顔がとても印象的でした。

この男性役は、初演でエネルギー発信の仕事を完了したため、その後の『祝福』には、この役はなくなったのです。

初演終了後に発行された『ユニティリンク』に、山賀さんのミュージカルについての記事がありました。その文中には、

「私は、ここに来て、よかったな……」

とありました。僕はこの部分を読んだとたん、思わず涙が出そうになりました。

あの男性役をこなすことは、きっと彼女に素晴らしい喜びを与えたんですね。

また、ミュージカル『祝福』の中の歌のいくつかは大西きみちゃんが作曲を担当しました。

正直いって、彼女が作曲した曲を初めて聴いたときは、

「なに！　このリズム。信じられない。わからない。歌えない。楽しくない」

このような感想でした。

きみちゃんが曲に取り入れたリズムは、四十歳を超えた僕にとっては、ほとんど聞いたことのないパターンの連続でした。いわゆる今風なのかもしれませんが、でも、エネルギー的にはＯＫなので、しぶしぶ歌うことになったのですが……。

そして、藤井さんの指導で、歌の練習が続けられました。

「うん、少しわかってきた」

練習が進むにつれ僕も彼女の作った曲が、だんだん身についていき楽しくなっていきます。

そして、最後には感動してしまって、練習中に歌いながら泣き出してしまったこともありました。僕はきみちゃんに、

「きみちゃんの作る曲は、まるでスルメだね」

って最高の賛辞を送っていました。

いつも誰かのステキさに共鳴しながら
ここちよく広がる方へ進んできたの
輝きと出会う

その光に心を開き
ひとつに溶け込んでいきたくなる自分がいる

一緒に行こう　越えて行こう
みんなで大きな虹になる
ひとつの大きな巨きな願いに連なっていく

ひとりひとりの豊かな色彩が
歌って　もっと　もっと笑って
喜びのこぼれ種が　次々と芽を出し
咲きほころんでゆくように

光のハーモニー

くり返し歌うのは〝生み出す〟喜び
そして　みんなと奏で合う喜び

こうして、このミュージカルの練習が進むにつれて、お互い結束がどんどん深くなっていき、心が一つになっていきました。僕もこれまであまり交流がなかった人とも、よく会話するようになりました。また、遠慮して表面的な会話しかできなかった人と、本音をいい合えるようになってきています。

僕はこのミュージカルが、コミュニティに来てもっとも大きな変化を自分自身にもコミュニティ全体にももたらしたのではないかと感じています。

みんながどんどん弾けて、輝いていくのがハッキリわかりました。

『祝福』の初演を終えて、次はいよいよ洞爺村だけでなく全国公演を実現させようと、みんな張り切っています。

前にも書きましたが、この『祝福』の登場人物は、みんな明るく、バランスがとれた人たちです。そして、それぞれの交流が衝突を起こさない調和的なものです。つまり、コミュニティで目指している調和的な未来の社会が、ここで表現されはじめています。

そして、この周波数を地球全体に広めたいのです。これは、僕たちコミュニティメンバーの役割であり、その実現に向けて行動することが喜びだと思っています。

そのためにもまず、この役柄をコミュニティのメンバーが、それぞれ完全に消化し、十分にエネルギーを発信できるようになって、みなさんに受けとっていただけるように、さらに演技に歌に、そして自分自身に磨きをかけていきたいと思っています。

このミュージカル『祝福』は、二〇〇一年五月二十七日に北海道伊達市のコスモスホールで、そして、翌月の六月十日には、東京下北沢の北沢タウンホールで上演を予定しています。

ぜひ、観にきてくださいね！

〈エピローグ〉僕たちの「喜び」が本になるまで

僕がこの本の執筆を始めたのは、一九九九年十一月下旬でした。

もともと、チャネリング情報で本を書く仕事があることは伝えられていたので、意識してはいたのですが、なかなか書くきっかけがなかったのです。

そして、この本を書くきっかけとなったのが、一九九九年九月に、僕が東京で行った講演会に、風雲舎の山平社長が来られていて、講演会が終わったあとに、「あなたの体験を本にしてみません？」と執筆の呼びかけをいただいたことなのです。


当時の僕は、さまざまな感情が噴出し、不安定な時期でもあり、九州の講演会が十月に終わってもすぐに書きだせませんでした。

コミュニティではこの頃から、ミュージカルの活動が始まりますが、僕は内面的な苦しさもあって、なかなか参加しようとせずに、家に閉じこもっていました。

この頃は、この活動自体への不信感も芽生え、それに伴って、自分のこれからの生活への不安なども生まれ、少し打算的になっていました。サポートしている他次元存在に対して、大声で怒りをぶちまけることもありました。

衣子は、僕があまりに激しく怒りをだすので、オドオドしていました。

そんな折、十一月下旬に久しぶりにお酒を飲んでベッドに横になったら、夜中の二時ごろにふと目が覚め、急に本に書きたい内容が頭をよぎったのでした。

なにか、走馬灯のようにつぎつぎと頭によぎる思い……。

「あっ！　これ本になる。本が書ける！」

そして、急にベッドから飛び起きパソコンに向かい、朝の八時までぶっ続けで約六時間、何かに取りつかれたように書きはじめたのです。


そして、わずか一週間で本を書き上げ出版社に送ったのですが、本池さんがこの本のエネルギーをキャッチして、

「この本は瀬木さん自身とは違う存在の意識が書かせた本です」

と伝えられ、ガッカリしたのです。

結局本当に何かに取りつかれていたのです。でもその意識を呼び寄せたのは他ならぬ自分の意識だったのですが……。

いま思い起こせば、あのときはお酒を飲んで自分の意識量が減っていたのは事実でした。

お酒を飲むと頭がボーッとしますが、これは自分の意識がこの時空間から離れていき、時には満たされなかった過去や、時には自分が執着している人などに飛んでいってしまうため

です。

自分の意識量が減ってしまうと、その空白となった部分に他の存在の意識が共鳴して入りやすくなるのです。酒乱など急激に性格が変化するのは、その極端な例です。

このときは自分がヤケになって、ふてくされていた意識が自分の中に支配的になっていたわけですから、その意識に共鳴する意識をもつ存在を呼び寄せてしまったのでした。

そして気を取り直して、もう一度書き直すことにしようと思い、山平社長にその旨を伝えました。

そのときは山平社長も、最初に送った原稿が、まだまだ出版のレベルには到達していないという見解でしたので、気を取り直し、もう一度書き直すことになりました。

といっても、どのように書き直すかは、まだ自分ではわからないままでした。

そして、一九九九年十二月二十日にミュージカル『ザッツ・ワンダフル！』の公演が終わった後に、山平社長から前回提出した原稿に対するコメントが届きました。

そこで手初めに、そのコメントを考慮しながら、最初に書き上げた原稿を見直していきました。

コミュニティから出る本は地球人の意識への影響が強いので、書く人の光が八五パーセント以上入ったものでないと出版してはいけないのです。八五パーセント以上になると、その本を受けとる地球人の集合意識の同意が得られるということだそうです。

本といっても見た目はただの紙に印刷された文字に見えても、その周波数が全体へ影響する形態のエネルギーを発信するので、不完全なものを出版するわけにはいかないのです。

そして、その年の二月ごろには書き直した原稿が出来上がりました。

自分のチャネリングで『八五パーセント以上ＯＫですか？』と聞くと、「イエス」となります。

もしかして、自分のエゴがチャネリングに関与しているのではないかと思い、コミュニティの他のメンバーに確認してもらうと、やはり「イエス」です。

「よし、これで出版できそうだ！」

と僕は喜んで、本池さんにも連絡を入れたのです。

しかし、なんということでしょう。僕の意識が依頼したメンバーにわざわざ行って、その人のチャネリングに介入し、八五パーセントＯＫの答えを引き出させてしまっていたということだったのです。

よっぽど自分が、本を早く出したいという意識が強かったことが窺えるエピソードです。

その後、六月ごろまで山平社長のアドバイスも含めて書きつづけましたが、結局、山平社長の意向と僕の書きたい内容にだんだんズレが出てしまい、本の出版は実現できませんでした。

でも、ここまで書く中で、自分がこれまで溜め込んできた感情が噴き出しました。別れた家族、両親や親戚、会社生活でお世話になった人などへの思いが、コミュニティに来てからも、自分の中で整理できずに引きずっていたのです。

お恥ずかしいことではありますが、何回も「うわーっ」と声に出して泣いたのです。

また、何のために本を書き、出版するのと自分に問えば……、

「地球人の変革をサポートするため」「コミュニティを活性化させるため」といううきれいごとが最初に出てきましたが、よくよく見つめてみると……、

「お金がほしいから」「名前をあげたいから」「自分を周りに正当化させたいから」というエゴの視点に行き着くのです。

ここはとにかく、本のことはいったん忘れようと思いました。そして農園作業に熱中していたら、七月中旬に本池さんがコミュニティのメンバーの原稿を集めて、彼女が編集してコミュニティの本として出版するというのです。そして、さっそく原稿の募集があったので、僕はこれ幸いとばかりに、これまで書いてきた原稿を送ったのでした。

しかし、返ってきた原稿はさんざんな結果でした。

ほとんど光が入っていなくて、せいぜい全体の一〇パーセントほどだったのです。しかも光が入っているところはバラついていて、つなげる作業は容易とは思えませんでした。

「これじゃ一冊の本なんかになりゃあしないな～」

「でも、みんなで作る本だから、その一人になれるように仕上げてみるか」

半分諦めの気持ちと、せっかくここまでやったから無駄にはしたくない、という二つの思いが交差しました。

意外だったのは、僕が最初この本でもっとも表現したかったところは、コミュニティに来るまでの過程だったのに、光が入っている部分のほとんどが、コミュニティに来てからのエピソードだったのです。

本池さんのコメントの最後に、彼女が僕の深い意識とチャネルして、僕自身に宛てたメッセージがありました。それは、

「地球人の方が今後産み出すもの「愛」、その感性と共鳴できる未来の本を作りたい」

ということでした。

この頃の僕は、農園作業に夢中になっていましたし、新たなミュージカルの練習も始まっていたので、再び本のことは忘れて、農園作業とミュージカルの練習に熱中することにしました。そして、このミュージカルを練習していくことで養われる感性は、コミュニティのメンバーがこれから表面意識で仕事を成功させる感覚となるということでしたから、いまは本のことを忘れていてもミュージカルの練習が進むうちに、自分が本を書ける状態になり、書こうとするエネルギーが湧いてくるだろうと気楽にかまえることにしたのです。

そして、十一月に入ると降雪のために農園作業のほうができなくなり、おもな活動がミュージカルの練習だけになりました。すると、だんだん本のことが気になりはじめたのです。

パソコンの前に座り、スイッチを入れ、以前書いた原稿のエネルギーの入る部分だけを眺めていました。

そして、よーく、自分を感じて、浮かび上がった言葉をキーボードに打ち込みはじめました。すると、以前エネルギーチェックを受けていた原稿の中で、エネルギーは入ってはいるけれどバラついていた部分の一つがうまくつながったのです。

「うん、ここはうまくつながったぞ」

なんだか嬉しくなってきて、次のバラついた部分の組立作業に入ります。

「無理やり文書を作らないことにしよう」

自分の正直な気持ちだけを素直に表現し、決して誇張せず、気持ちのままにキーボードをゆっくり打ちつづけました。

すると、不思議にもどんどんバラついていた文書がつながるではありませんか。

なんだかジグソーパズルをやっているようなゲーム感覚もあって楽しくなりました。

こうして、バラついていた部分の多かった第1章が出来上がってきました。

最初は百八十ページ近くもあったものが、結局六十ページほどになりました。文書量としては物足らないのですが、それでも内容がスッキリしていて、一気に読み上げることができました。

そして、第2章に移ります。ここは、コミュニティのこれまでの体験で印象に残っていること、自分の深い喜びの体験談、エピソードを中心にまとめました。

そして、この部分がもっとも光が入るのです。

本池さんから最初にチェックしてもらった原稿が返ってきたときも、ここはあまりバラついていなかったので、つなげるというより、新たなエピソードを追加する作業でした。

自分がコミュニティでの三年間に体験した出来事で、印象深い内容の思い出し作業でした。この作業では当時の自分の喜びなどが蘇り、何回もジーンとくるのですが、当事者である自分はわかっても、この本を読んでくださる方に、どれだけリアルに伝えることができるかの表現力が要求されました。

こうして、今年（二〇〇一年）の一月下旬に、ある程度までまとまったので、あらためて本池さんにチェックを依頼したら、なんと光の量が九五パーセントという嬉しい回答だったのです。

そして、衣子と二人の本として一冊の本にできるということで、さらにエピソードを追加し、一冊の本としてまとまってきたのです。

そして、二月初旬に出版について検討していく中で、以前お世話になった風雲舎の山平社長のことを思い出し、電子メールで原稿の再検討をお願いしたところ、快く承諾していただき、こうして出版できるまでにこぎつけられた次第です。

書きはじめてから足掛け十六カ月。なんども諦めては復活し、ここに私たちの喜びが結集することができました。

いま思えば、自分の喜びの創造に熱中したことが、この本になったと思います。本を書く作業によって、必要としない多くを手離し、これから必要とするものをいっぱい受けとることができました。

喜びの十六カ月でした。

これまで、僕たちを支えてくださったみなさん、ありがとう！

そして、この本を受けとることに同意してくださった地球人のみなさん、ありがとうございます。

〈あとがき〉

コミュニティは「奉仕的な愛」を実践するところだといわれています。「奉仕的な愛」というと自己犠牲的な愛だと捉えていた時期もありましたが、コミュニティに来てからは、自分の真の喜びが他者を生かすものであれば、それは「奉仕的な愛」だと理解するようになりました。

自分の真の喜びは、自分だけにしかわかりませんでした。これに理屈はありませんでした。これを人に理解させることはできませんでした。自分だけが捉えられる感覚でした。そして、それは行動することによって得られたのです。

コミュニティ活動に携わって約四年間、これまでの人生では味わったことのない体験の連続でした。その中でさまざまな感情が噴き出しましたが、いま振り返るとコミュニティ活動におけるすべての体験の根底には深い喜びがありました。

セミナー、講演会、情報誌、本、農園作業、ミュージカル、最近ではワンピース作りや絵画にもチャレンジしています。この中には自分のこれまでの人生で得意分野だと捉えてきたものもありますし、まったく初めて体験する分野もあります。特に初めて体験する分野は、最初必ず抵抗感がありました。

でも、その抵抗感を押し切ってやってみると、むしろハマっているというか、夢中になっている自分がありました。はんとに僕って食べず嫌いなものが多いのだなあとつくづく思い、笑ってしまいます。そして、新たな分野を吸収すると、これまで得意分野だと思っていたものにも深みが増してきた感じがあります。自分の可能性がどんどん広がる体験を積み重ねてきて、あらためてコミュニティに来てよかったと思っています。

私たちの活動の中になにか惹かれるものがあったら、ぜひ関わってみてくださいね。ひょっとしたら、あなたの真実の喜びがコミュニティにあるかもしれません。百聞は一見（一感）に如《し》かず。理屈抜きで感じてみてください。お待ちいたしております。

二〇〇一年三月二十二日　キリパ村にて

瀬木　務

〈コミュニティのご案内〉

（一）キリパ村（〒049-5822　北海道虻田郡洞爺村字富丘七四）

洞爺湖の北、五キロ程の高台（標高約四五〇メートル）にある。

北西に羊蹄山、ニセコの雄大な景色が望める。

（二）花の谷アナカ・ヤーラ（〒049-5811　北海道虻田郡洞爺村字岩屋一八一八）

洞爺湖北湖畔に面しており、青少年自然の家と隣接している。

ここから眺められる洞爺湖および夕日が美しい。

（三）コミュニティ総合窓口

コミュニティに関する問い合わせ、資料請求はコミュニティ総合窓口まで

＊ＴＥＬ＆ＦＡＸ　０１４２－８２－５２５０

＊電子メール【cmnty-jm@alpha.ocn.ne.jp】

（四）関東事務局　ＴＥＬ＆ＦＡＸ　〇四七一－八八－二六一四　宮坂　和子

（五）関西事務局　ＴＥＬ＆ＦＡＸ　〇七二七－七七－七四〇八　奥田　實

ＴＥＬ＆ＦＡＸ　〇七二七－七七－三三二六　城　義信

（六）コミュニティのメンバーによるホームページ

＊アヤナレーニへの道　～アセンションを越えて～　ｂｙ　菅原トキ子

アドレス【http://www1.ocn.ne.jp/~ayana/】

（風雲舎、山平社長との出会いのきっかけはこのホームページでした）

＊エボリュウション工房～君の風～　ｂｙ　辻盛　義久＆仁子

アドレス【http://www4.ocn.ne.jp/~kimino55/】

＊なお、コミュニティでも現在ホームページの制作を検討しています。

〈参考文献〉

『アロンなの〜』（一九九七年四月二十五日発行）
ラニャと他次元存在との楽しい交流を綴った本です。
著者…プロジェクト・イン・ラニャ
出版…たま出版

いま『アロンなの〜』は絶版になっていますが、復刊を希望しています。

インターネットの復刊ドットコムに百名の投票があると復刊を応援してくれるそうです。

パソコンでインターネットに加入している方が、『アロンなの〜』に投票してくださるとうれしいです。

詳しくは、菅原トキ子さんのホームページをご覧下さい。

アヤナレーニへの道　〜アセンションを越えて〜　ｂｙ　菅原トキ子
アドレス【http://www1.ocn.ne.jp/~ayana/】

『創造』（一九九八年八月二十四日発行）

『喜び』の本文にある、チャネリング情報の詳細が述べられています。

また、地球の九十億年前の誕生時から六十七万年前までの、おもな出来事が記されています。これから地球人の方が花開かせる感性の周波数を、この本によって感じ取っていただければと思います。

著者…シィード・オブ・アヤナレーニ

出版…ラ・ラニャ

＊『創造』の購入は、コミュニティ総合窓口まで

ＴＥＬ＆ＦＡＸ　０１４２－８２－５２５０

電子メール【cmrty-jm@alpha.ocn.ne.jp】

喜《よろこ》び
「新《あたら》しい文明《ぶんめい》を創《つく》ろう」と動《うご》きだした私《わたし》たち

初刷二〇〇一年五月二十五日

著者 瀬木《せぎ》 務《つとむ》・衣子《きぬこ》

発行人 山平松生

発行所 株式会社 風雲舎

〒162-0805 東京都新宿区矢来町122 矢来第二ビル
電話 〇三―三二六九―一五一五（代）
FAX 〇三―三二六九―一六〇六
URL http://www fuun-sha.co.jp/
振替 〇〇一六〇―一―七二七七六
E-mail info@fuun-sha.co.jp

印刷 株式会社 堀内印刷所
製本 株式会社 難波製本

落丁・乱丁本はお取かえいたします。（検印廃止）

ISBN4-938939-22-3

風雲舎の好評既刊

意識学の夜明け

……夢と仏教とニューエイジ……

CDを開発し、「アイボ」を世に出した電子工学博士が、なぜ「あの世」に関わることになったのか。瞑想、夢、宇宙からのメッセージなどを通して、「目に見えない世界」へ向かう意識の回路を語る。

マハーサマーディ研究会代表　天外伺朗

四六判上製（本体1700円＋税）

気功的人間になりませんか

……【ガンとどうつき合うか】ガン専門医が見た理想的なライフスタイル……

同じ病を得ながらも、ある人は逝きある人は帰還する――。もっとも理想的なライフ・スタイル「気功的人間」への薦め。「気功的人間」とは、気功三昧に明け暮れるのではなく、日々是好日とばかりに、いつも自分の内なる生命場のポテンシャルを高めようとする人のことだ。

帯津三敬病院院長　帯津良一

四六判上製（本体1600円＋税）

花の贈りもの

（フィンドホーンのフラワーエッセンス）

……心の奥底に触れてくる不思議な力……

花には、人の心や体を癒してくれる不思議な力があります。これを体系化したのがフラワーエッセンスです。カラー写真で花を見つめ、そのメッセージを受けとって下さい。きっと何かがあなたに伝わってきます。

フィンドホーン財団　マリオン・リー［著］
羽成行央［訳］

四六判並製368Ｐ（カラー136Ｐ）（本体1800円＋税）

自然との対話

【日本図書館教会選定図書】

……木や草花、動物たちとつながる生き方……

オランダ王女（ベアトリックス現オランダ女王の一歳年下の妹）がたどった真実の体験記。木と語り草花と交流し、イルカと遊び、お日さまと対話する暮らしのなかで会得した新しいステージへのジャンプ！　いま、世界中で木や草花と対話する人が増えています。

イレーネ・ファン・リッペ＝ビースターフェルト［著］
矢鋪紀子［訳］

四六判上製（本体1700円＋税）